HENRI DE RÉGNIER

Poèmes

1887-1892

POÈMES ANCIENS ET ROMANESQUES

TEL QU'EN SONGE

AUGMENTÉS DE PLUSIEURS POÈMES

PARIS
SOCIÉTÉ DV MERCVRE DE FRANCE
XV, RVE DE L'ÉCHAVDÉ-SAINT-GERMAIN, XV

M DCCC XCV

POÈMES

1887-1892

IL A ÉTÉ TIRÉ DE CET OUVRAGE :

*Trois exemplaires
sur Japon impérial, numérotés 1 à 3, et douze exemplaires
sur Hollande van Gelder, numérotés 4 à 15.*

JUSTIFICATION DU TIRAGE :

Droits de reproduction et de traduction réservés pour tous pays,
y compris la Suède et la Norvège.

HENRI DE RÉGNIER

POÈMES

1887-1892

POÈMES ANCIENS ET ROMANESQUES

TEL QU'EN SONGE

AUGMENTÉS DE PLUSIEURS POÈMES

PARIS
SOCIÉTÉ DV MERCVRE DE FRANCE
XV, RVE DE L'ÉCHAVDÉ-SAINT-GERMAIN, XV

M DCCC XCV

Tous droits réservés.

DU MÊME AUTEUR :

LES LENDEMAINS *(épuisé)*	1 plaq.
APAISEMENT *(épuisé)*	1 vol.
SITES *(épuisé)*.	1 vol.
EPISODES *(épuisé)*	1 vol.
EPISODES, Sites et Sonnets	1 vol.
POÈMES ANCIENS ET ROMANESQUES *(épuisé)* .	1 vol.
TEL QU'EN SONGE *(épuisé)*	1 vol.
CONTES A SOI-MÊME	1 vol.
LE BOSQUET DE PSYCHÉ.	1 plaq.
LE TRÈFLE NOIR	1 vol.
ARÉTHUSE.	1 vol.

POÈMES
ANCIENS ET ROMANESQUES
(1890)

A LOUIS METMAN

PRÉLUDE

Je t'ai laissée en l'ombre d'or du vieux Palais
Où le chanvre roui pend à la poutre rude,
Assise comme un songe à l'âtre où tu filais,

Hôtesse du seuil morne et de la solitude,
Seule ombre passagère au gel des purs miroirs
Que ta face de n'y sourire plus dénude !

Du fond des murs épais et des ébènes noirs
Ton regard m'a suivi comme un oiseau, fidèle
A mon sang hasardé dans le péril des soirs,

Qu'il coule, s'il ne doit fleurir une asphodèle
Qu'il coule glorieux dans l'écume et le vent
Pour toi qui restes en la maison qui te cèle

Jalouse seulement de la Mort qui souvent
— Elle l'imprévue, elle, hélas, une autre amante —
Baise en l'ombre les lèvres pâles du vivant.

Cendres où fut jadis la flamme véhémente !
Le foyer violet suggère le tombeau,
Présage à qui ta foi veille qui le démente.

Tu files à ton rouet le triste écheveau
Monotone et sans fin comme l'année, Omphale,
Mais de l'Automne renaîtra l'Été plus beau.

Le luxe parera ta tête triomphale
Selon un ordre ouvré de pierres et de fleurs,
O pâle à t'endormir qui t'éveillais plus pâle !

Étoile de l'amant parti vers les ailleurs,
Toi sa pensée étrange et l'ombre de son âme,
Toi qui restes l'absente en la gloire des pleurs,

Toi pour qui le glaive rutile et la nef rame
Et la main plonge au poil fauve de la toison
Qu'à la proue a lavée une écume de lame,

Ouïs! l'Hydre a saigné ses têtes de poison,
Les oiseaux saccageurs que la flèche transperce
Tombent lourds, un à un, au lac de l'horizon;

Le taureau frustré du rapt beugle et se renverse,
Le sanglier résiste au Belluaire et lui
Songe au troupeau rué des monstres qu'il disperse.

L'aurore est pâle encor d'avoir été la Nuit
Et des mufles crispés ont mordu l'herbe grasse
En leurs crinières où de l'or s'effile et luit.

Le mal mystérieux agonise et trépasse;
Les douze Épreuves ont purgé l'ombre et voici
La massue et le glaive au poing nu qui terrasse;

La campagne est salubre et le bois éclairci
D'où l'âpre survivant des griffes et des haines
Par les routes s'en vient de là-bas jusqu'ici.

*Il a lavé le sang de ses bras aux fontaines
Et laisse avec orgueil traîner sur les cailloux
La toison du bélier et les peaux néméennes ;*

*Il vient à toi l'Omphale, âme de ses courroux,
Toi son âme vivante et qui gardes, ô douce,
Le songe du soleil mort en tes cheveux roux.*

*Voici le tribut pris aux beaux jardins où pousse
L'arbre de l'Hespéride qu'un monstre gardien
Regardait s'effruiter parmi l'herbe de mousse.*

*Quitte le noir parvis du Palais ancien
Qui claustra ton exil de la terre mauvaise
Et lève toi devant Celui qui se veut tien !*

*Il a foulé le mal de son pied nu qui pèse
Sur la gorge étouffée et la gueule qui mord
Jusqu'à ce que le dernier cri râle et s'apaise ;*

*Dans le sombre Hadès il a vaincu la Mort
Par qui le long sanglot emplit la maison vide,
Et le voici maître du Sceptre et du Trésor.*

De grandes fleurs ont refleuri la terre aride
Qui sera mère à ton sourire puéril,
Héritier médéen des philtres de Colchide.

Ton honneur est le prix que voulut son péril !
Pends la peau léonine à tes épaules nues
Sous les griffes que joint un fermoir de béryl.

Les monstres accroupis se crispent dans les nues
En songes tristes acculés au fond du soir,
Et la quenouille est douce aux porteurs de massues.

Au trône qu'il dressa royal et pour t'y voir,
Sois son âme éternelle, ô son âme éphémère,
Toi qu'à survivre belle a forcé son espoir,

Et si son cœur, hélas, mordu par la chimère
Durant le dur travail de ton nom illustré
Élude sa tristesse en quelque cendre amère,

Laisse le bûcher d'or fumer au ciel sacré !

LA VIGILE DES GRÈVES

Nul luxe épanoui de roses par l'Été
Ne pare l'Ile aride où vient un vent de cendre,
De l'aube au crépuscule, inexorable, épandre
Un destin de désastre et de stérilité.
Les sables roux qui d'eux ont leurs seules automnes
Saignent, le soir, ainsi que des lames de glaives ;
Sol nu, tel qu'au sommeil cuivré des mauvais rêves
Il en surgit hanté du vol des Tisiphones !

Et sur le cap cabré comme une croupe stable,
Pour mieux voir vers la Mer et la Terre fleurie,
Se haussent, en couvrant d'une main leurs yeux clairs

Que cligne l'âpre vent de la cendre et du sable,
Des femmes, chevelure éparse vers les mers,
Et portant, tour à tour, de l'aurore aux nuits lentes,
Des amphores d'onyx, des miroirs et des lampes,

Un exil de jadis et de terres où rie
Autour des Villes d'ombre une fête de palmes
Pleure en leurs voix d'amour et veille dans leur songe,
Ah ! quand viendront vers Elles le bruit lent des rames
Et la proue écumante et le rostre qui plonge
Et des yeux doux pour encor croire à leur mensonge !

Elles sont lasses de porter, les Vigilantes,
Les miroirs, les amphores vides et les lampes.

*

Par les jours éclatants et les nuits pluvieuses
Notre exil a pleuré sur la plage des Mers
Vers la terre, là-bas, efflorescente et merveilleuse,
Vers la terre, là-bas, et par delà les mers,
Par delà les jours éclatants et les nuits pluvieuses.

Le vent féroce éteint nos lampes en fumées,
Nos lampes où brûlait l'huile d'or d'antiques pressoirs
Et tout le parfum mort des vieilles Idumées ;
La pluie a dilué l'huile des antiques pressoirs
Et nos lampes d'or pur sont mortes, ô fumées !

L'âpre vent a tari le flot de nos amphores
Et chante un écho d'ombre en leur inanité ;
Nos Amants plongeaient jadis aux Fontaines nos amphores
Si lourdes aujourd'hui d'un poids d'inanité ;
Et leurs flancs sont perlés de pluie et de gouttes sonores.

La pluie à nos miroirs ruisselle en larmes claires
Comme pour y pleurer de doux mirages de sourires
Et des saluts surgis à l'avant des galères
Et des baisers à l'appui des balustres de porphyres
Et des visages puérils d'aurores claires.

★

L'eau des sources où choit, le soir,
La mort unanime des roses
Était heureuse de nous voir
Peigner nos chevelures fauves...

Un peu de cette eau nos miroirs!

Les Fontaines étaient sonores
En les bois de Lune et de Nuit;
Cristal où se mire et s'isole
Quelque astre qui du ciel a fui...

L'onde est tarie en nos amphores!

Les escaliers courbaient leurs rampes...
Oh les pieds froids sur les pavés!...
Les portes et les hautes chambres
Pour le sommeil nu des Psychés...

L'huile est figée au fond des lampes!

*

Qu'il vienne à nos exils, et vers nos seins et vers nos lèvres
Le Bienvenu d'espoir sûr d'être Celui-là,
Qu'il vienne à notre exil
Le Bienvenu d'amour sûr d'être Celui-là,
Vers l'offre de nos seins gorgés et l'ardeur de nos lèvres !

Et nous irons vers lui qui vient de l'occident
Dans le frisson et dans le rire de nos dents.

Nous irons vers lui, chairs ancillaires et nues,
Comme au Roi-Maître les servantes inconnues.

Nos cheveux sécheront ses blancs pieds écorchés,
Nous avons faim d'amour et soif du vieux péché.

Qu'il vienne à notre exil, et vers nos seins et vers nos lèvres
Le Bienvenu d'amour sûr d'être Celui-là,
Qu'il vienne à notre exil
Le Bienvenu d'espoir sûr d'être Celui-là,
Vers l'offre de nos seins gorgés et l'ardeur de nos lèvres !

⁎

Ils sont venus pendant les siècles de nos larmes
— Haute fresque en passage sur l'occident clair —
Avec des chants, des cris, des palmes et des armes,
Longer la côte adverse et sa grève de mer.

Des Marchands durs sortis des Tyrs et des Carthages
Passaient en supputant des nombres sur leurs doigts,
Sans voir que le soleil aux barreaux d'or des cages
Striait d'ombre les lynx et les onces des bois.

Les ânes roux chargés de coffres et de caisses
Broutaient, en titubant, des roses, et les soirs
S'irritaient des grelots tintés par les ânesses
Trottant parmi les béliers blancs et les boucs noirs.

Puis ce furent des Bouffons et des Astrologues
Contemplant tour à tour les astres et les fleurs,
Et des courriers équestres escortés de dogues
Qui jappent dans la nuit et flairent les voleurs.

Les grands Chevaliers d'ombre et de fer, loin des joûtes,
Aux échos du passé, poussière et fol ébat!
Chevauchent deux à deux lavés par les absoutes
Vers le sang des graals et l'espoir du combat;

Des Pèlerins, sous la cagoule et sous la loque,
Besaces au côté, coquilles et bourdons,
Se signent par la croix de qui leur lèpre invoque
Pour les nouveaux péchés le sang des vieux pardons;

Des apôtres drapés en gestes d'Évangile
Conversent bas avec des Anges, et tous ceux
Pour qui la femme est moins qu'un or ou qu'une argile
Passent, indifférents, mornes ou radieux!

Et des Barbares blonds épars à l'aventure,
Précédant les hordes tumultueuses, ont
Pourpré la mer d'un sang occulte de blessure
Pour aller vers nous par delà le flot profond.

★

Le bienvenu d'amour sûr d'être celui-là
Viendra-t-il, quelque soir, vers l'exil de nos lèvres,
En le cortège des flûtes ou dans l'éclat
Des tambourins grondeurs et des trompettes brèves ?

Viendra-t-il des vergers, des glaciers ou des fleuves,
Doux moissonneur, lier en gerbes nos cheveux ?
Pâtre des monts de neige où, stalactites, pleurent
Les clairs cristaux de gel dardés et douloureux,

Ou sûr pêcheur grandi dans l'Ile des Silences
Et parmi les roseaux des anses de soleil
Aux gestes des filets épars aux fuites lentes
Des poissons, ombre alerte au creux sable vermeil ?

L'amour sonnera-t-il par sa voix des fanfares
En rapts brusques mordus de baisers et de cris,
Ou chantera-t-il, glorifiantes et graves,
Des promesses d'hymens et de rites fleuris ?

Nageur victorieux de l'onde qu'il assaille
De l'élan de ses bras et de son corps roidi,
Surgira-t-il, prestigieux de nacre pâle,
Nu héros hors du flot, tout debout et bondi !

Surgira-t-il de l'onde, idole et simulacre,
Roi posthume et vivant de nos désirs, ou tel
Qu'un moissonneur de nos cheveux, ou tel qu'un pâtre
Qui cherche nos yeux clairs aux Étoiles du ciel ?

★

A nos amphores d'argile
Que fêla le long chemin
Il viendra boire un matin.

L'eau qui réconforte est aux amphores d'argile.

A nos amphores en or
Il boira le sang des grappes
Un midi, poudreux d'étapes,

Car le vin qui rend ivre est aux amphores d'or.

A nos amphores d'onyx
Boira sa soif léthéenne.
La nuit s'étoile, qu'il vienne

Goûter le Népenthès aux amphores d'onyx!

★

Ce sera comme un soir de Noces enfantines
Par delà les Thulés et les Occitanies ;
Les cortèges iront aux chemins des collines
Vers l'hospitalité des seuils sans avanies.

Nous t'aurons rencontré proche de la Fontaine
Où se miraient nos yeux et la première Étoile ;
Tu demandais à boire et la Ville prochaine.
Nous nous sommes aimés à cause de l'Étoile.

Le blanc Palais drapé d'un vieux luxe de soie
S'ouvre en colonnes de marbre sur la mer pâle ;

La cire en l'argent brûle sans pleur qui larmoie.
Nous mettrons à ton doigt la plus antique opale.

Nous ferons ruisseler l'amphore inexhaustible
Qui s'accurve selon la courbe de nos hanches,
Et nous abreuverons ta soif inexhaustible
De vin de lèvres et de neige de chairs blanches.

Nos seins aigus seront tes montagnes d'aurore,
Doux pâtre, ô Moissonneur; tes blés, nos chevelures
Où comme aux épis ondule le vent sonore,
Nos yeux, les glauques lacs, Pêcheur, où tu captures.

★

Le visage blessé d'épines et si pâle
Que les pleurs et le sang y semblent pierreries,
Et tel autre plus doux que frusta de son hâle
L'automne des soleils et des douleurs mûries;

La face d'ambiguité, morte et royale,
Triste de tout l'orgueil et des idolâtries,

Celle que le masque d'emprunt ravine et tale
Et celle qu'empourpra le vin des saouleries.

Qu'il y ruisselle, Vin ou Sang, Larmes ou Fard,
La luxure ou l'ennui, la douleur et la honte ;
S'il veut tenter encore un suprême regard

A ce qu'il fut jadis et par delà les Soirs
Et par delà sa vie encore, qu'il affronte
Le mensonge ébloui des magiques miroirs !

★

A nos miroirs menteurs s'enchevêtre et se tord
Un cadre de guirlande où survit une rose,
Et dans la floraison de la torsade éclose
Un pur cristal, qui fut une onde, songe et dort.

En leur silence glauque un éclair rôde encor,
Fuite ou lueur d'une aurore qui se propose
D'errer là longuement, divaguante et morose,
Éclat d'antiques yeux dilatés par la mort.

Qu'un vent vaste chasse la nuée, et voici
Que tout le bleu cristal par le ciel éclairci
Est saphyr, lac gelé, source, fleuve et fontaine;

Et ceux qui marchent loin de leurs natals Avrils
Riront, transfigurés, du hasard qui les mène
De se mirer aïeuls à se voir puérils.

*

Viens dans ta barque, dans ta barque fleurie,
Vers l'exil de nos soirs et la terre attérie,
Nous nous lèverons à l'appel de tes rames
Pour être ta conquête, ta charge fleurie,
A toi le nocturne Passeur des pauvres Ames!

L'amer flot trasngressé chantera sous tes rames,
Les sillages seront comme un chemin d'été
Sonore de vent doux et gai de roses blanches,
Et l'écume éparse en roses blanches
Sera comme un chemin où le soir a venté
Une chute de roses des branches!

Viens dans ta barque et sois le Passeur des pauvres Ames !

Nous chanterons selon nos âmes un chant vague
A peine un peu plus haut que celui de la vague,
Assises dans ta barque et nos cheveux trop longs
Et qui debout nous ruissellent aux talons,
— Si le vent ébloui, pour jouer, ne les tord —
Épars jusques au flot où s'effondre leur or
Comme un trésor dont s'allège une Nef qui sombre ;
Et sur la proue aveugle en la nuit qu'elle troue
Oscillante et mystérieuse et lourde d'ombre,
Nous mettrons une de nos lampes allumée
D'inextinguible flamme et d'huile sans fumée
Pour éclairer la marche aveugle de la proue.

Et l'Étoile luira sur la barque du Passeur d'âmes
Qui par la mer est venu vers l'exil des pauvres Ames.

★

En ta maison où dort un silence de Lune
Qui passe par la vitre et filtre sous les portes,

Comme s'y glisse aussi le sable de la dune
Si fin qu'il semble une cendre de blondes Mortes,

Des Mortes douces qui moururent là quelque soir
Dans la chambre plus déserte d'elles, chaque soir,

Nous viendrons regarder par les carreaux sans fleurs
De givre, ni d'étoffe, ni de soie,
La chambre solitaire où, désespoirs veilleurs,
Pleurèrent les veuvages de ta joie.

Nous rouvrirons les portes après tant d'années
Et nous parlerons bas à cause du silence
Et des présences là d'anciennes destinées
Et du foyer éteint faute de vigilance.

Nous rallumerons la lampe morte à ton chevet,
Nous attendrons ton ordre debout à ton chevet.

★

O notre roi, pour les délices
De ta vie et de ton chemin,
Prends en tes mains nos pâles mains
Abdicatrices
Qui ne masqueront plus la ruse de la face
Et qui laissèrent défleurir au vent qui passe
Les pampres des thyrses.

Nos pas marcheront dans tes pas,
Nos yeux ne verront que tes yeux,
Ton rire les fera joyeux,
Ta fatigue les rendra las.

Rêve-nous tes palais, tes jardins, tes fontaines
Et tes terrasses d'or où bat la mer du soir
Et ta forêt magique où dans la nuit tu mènes
La Licorne d'argent, la Guivre et le Paon noir.

Rêve-nous la douceur de tes Épouses mortes
Qui dorment au tombeau de ton âme et qui sont,

Sous le double verrou des grilles et des portes,
Ton regret, ton amour posthume et ton frisson.

Nous qui sommes la Lettre éternelle du Livre
Symbole nul, si nul ne lit le mot qui dort !
Sois l'esprit qui s'inculque et suscite et fait vivre
Et l'Amour triomphal qui sauve de la mort.

Mets notre chevelure en pennon à ta hampe,
Doux chevalier, rêve par nous ton rêve épars
Et viens à nous de par la vie et les hasards.

Nous sommes le Miroir et l'Amphore et la Lampe.

LE FOL AUTOMNE

> Et chante dans ta chair le chœur des vieux priapes.
> FRANCIS VIELÉ-GRIFFIN.

I

Le fol automne épuise aux guirlandes ses roses
Pâles comme des lèvres et des sourires,
Et le mal est d'avoir vécu parmi les roses,
Les masques, les glorioles, les délires !

Les Aegypans rieurs buvaient aux outres neuves
Le vieux vin où survit l'ardeur des Étés ;
Les vignes, égrenant les grappes dans les fleuves,
Gonflaient l'ambre clair de leurs maturités.

Les roses ont fleuri les coupes et les thyrses
Et le pan des robes puériles ; l'âme
Des fontaines pleurait dans l'ombre ; autour des thyrses
Les pampres semblaient un sang de torche en flamme.

L'automne fol s'épuise en suprêmes guirlandes,
Les satyres roux rôdent par les bois,
Et l'on suspend les masques vides par guirlandes
Où le vent rit aux trous des bouches sans voix.

II

Les Satyres mordirent au bas de ta robe lourde
Les guirlandes d'émeraude et les grappes de rubis ;
Leurs dents chaudes ont baisé tes habits,
Les pieds tors ont foulé les traînes lourdes ;
Et les Aegypans blonds et les Satyres roux
Ont gambadé devant toi comme des fous,
A l'odeur de forêt de ta chantante chevelure,
Au parfum de vendange de ta chair mûre.

Quand tu passas le long de la mer,
Quand tu passas le long de la grève,
Les Tritons blancs t'ont suivie et t'ont chanté
Les chansons de la mer,
Aux échos de la grève ;
En leur conque de nacre torse ils t'ont chanté
La chanson endormie en la concavité
Des spires bleuâtres et profondes,
La chanson de la mer maternelle aux vieux mondes
Qui s'effondrent et rentrent en son immensité.

Ta chair n'était-elle pas blanche comme l'écume
Et tes yeux pers comme la mer qui dort à la dune
Et ta face un déclin pâle de lune
A l'horizon marin parmi des chevelures d'écume ?
Et je fus fou comme les Tritons et les Satyres
De ta chair, de tes cheveux, de tes rires,
Et j'ai rougi mes lèvres aux coraux de tes parures
Et je t'ai dit dans la forêt et près de la lame,
A toi l'Indulgente à toutes les aventures
Vers qui vont la chair et l'âme,
L'Ode des ors secrets et de l'antique flamme !

III

Avec la double odeur de la chair et du soir
Et les souffles épars comme des chevelures,
Voici luire des torches hautes au bois noir.

La poursuite dénoue aux nuques les brûlures
Des cheveux roux où vit le feu des astres clairs
Et les talons légers foulent les herbes mûres;

Une torche s'embrase en un bouquet d'éclairs
Ou secoue aux étangs mornes des pierreries
Ou s'enfouit vivante en des antres ouverts.

La forêt vaste éclate en voix vers les prairies
D'où les papillons lourds viennent se brûler l'or
De leur vol nocturne autour des torches fleuries;

Et des rires, abeilles dont l'essaim vif mord
Et harcèle ceux qui les voulurent captives,
M'assaillent dans la nuit si l'une échappe encor;

Toutes ont défié les folles tentatives
Des mains à saisir l'ombre inerte où fuit l'odeur
De leurs cheveux épars et des chairs évasives :

Faunesses dont la lèvre sanglante a l'ardeur
Des grandes roses qui survivent à l'orage,
Filles de la terre ivre et du soleil fardeur,

Satyresses dont la main folâtre saccage
Les lys présomptueux qui frôlent leurs genoux,
Celles de qui le rire est un oiseau sans cage,

Celles qui marchent dans les ronces et les houx
Et vont vers les vergers et les enclos des plaines
Pour y voler le soir les fleurs et les fruits doux,

Les hanches et les seins, la lèvre et les haleines
Pures d'avoir humé le vent des soirs d'été,
Les yeux clairs et changeants comme l'eau des fontaines,

Les cheveux épandant par flot l'antiquité
Des ors les plus sacrés et la splendeur nocturne,
Toute la chair qui fait toute la nudité...

...Dormir en la nuit vide un sommeil taciturne.

IV

Rien de plus qu'un songe resté des chevelures
Que le vent dispersa parmi l'aube et le soir
N'atteste avoir vaincu les folles encolures.

Et ce qui frissonna d'un trésor fauve ou noir
Au front de la Rebelle ou de la Souriante
Fugitive apparue éblouir un miroir

Ou poser sur notre âme un pied nu de vaillante,
N'est plus qu'un souvenir de soleil ou de nuit
Vers qui la mémoire s'égare ou s'oriente.

Si la lèvre a mordu la lèvre pour un fruit
Et des paroles merveilleuses et des rires,
Quel écho de mystère en a gardé le bruit ?

La Voix qui fut divine à pleurer ses délires,
Éperdue et plus grave et vaste que la mer,
Comme s'il y vivait l'âme d'antiques lyres,

Abdique sa splendeur insolite et se perd
Plus tard parmi l'ombre agressive qu'elle souille
D'y crier quelque insulte et quelque outrage amer;

Glaive d'or éclaté qui se rompt et se rouille!
Les yeux savants d'aurore et d'astres et de fleurs,
Les yeux devant qui l'Ange exulte et s'agenouille,

Qu'est-ce du songe vain des Mers et des Ailleurs
Et d'avoir vu la chair et la toison impure
Où pour seuls diamants s'ornent d'éclairs nos pleurs?

O cœur triste et sanglant comme une grappe mûre
Que se disputent dans un bois roux et vermeil
Où s'altère à mourir un feu de chevelure,

Des Faunesses ivres de cris et de soleil!

V

Celles qui fuyaient dans la forêt sont revenues.
Leur chevelure s'effile comme un soir de nues.
Les torches de jadis sont mortes en leurs mains nues.

Comme ce cœur saigna parmi ce bois de Faunesses
Entre les mains spoliatrices et chasseresses!
O quel cri d'angoisse écho des antiques détresses!

Elles qui portaient émeraude et rubis en frange
Par qui je fus ivre de chair et d'odeur étrange
A dire leur chevelure forêt ou vendange!

Ce fut en des soirs où chantaient les Voix et les Lyres,
Où les cortèges menaient la danse des Satyres,
Et les gemmes craquaient sous les pas parmi les rires.

La flamme, les cris, les rires sont morts et nous-mêmes
Terne pierrerie à l'or frontal des diadèmes,
Mourez selon les torches noires en les mains

Et là-bas, aux rampes des terrasses merveilleuses,
Comme un lis se fane la quenouille des fileuses
D'attendre encor la laine des toisons fabuleuses.

VI

Le langoureux passé dont notre âme fut ivre,
Soir violet et grave où souffle un vent fleuri,
Prolonge la morne misère de survivre
Par delà l'heure heureuse où la lèvre a souri.

Insatiable en son mensonge d'être lasse
De son désir crié par toute la forêt,
La tristesse d'avoir vécu l'heure qui passe
Vers le songe d'alors sourit et pleurerait.

Les oiseaux éperdus comme des feuilles mortes
Que chasse au ciel d'exil l'automne des bois morts,
O bienvenus ! et toi la Colombe qui portes
Le rameau du message et la clef des trésors.

Les couchants éblouis célèbrent les prestiges
Des jours morts sur qui pleut la splendeur de mourir.
Le lac a-t-il noyé la nudité des Stryges?
Où le Griffon a-t-il enterré le saphyr?

Les oiseaux et le vent et l'or des ciels et l'ombre,
Tout ce qui fut les soirs où vécurent les yeux,
Et la nuit éphémère où pleure la mer sombre
Et l'aurore divine et les midis joyeux,

Tout le passé fatal avec son odeur ivre
De vendanges de Vie et de moissons d'Été,
Vers la tristesse insatiable de survivre
Pleure sa mortelle gloire d'avoir été.

Doux oiseaux, vous savez la forêt et le fleuve
Et la plaine et toutes les îles de la mer
Où mon âme à Naxos fut l'Ariane veuve
Et l'aurore stérile et le printemps amer.

Les vols exténués s'abattent aux terrasses
D'où l'on jette des roses au flot, et la Tour
A couvert de son ombre au soir vos ailes lasses
Que la Ville épeura de cloche et de tambour.

Le vent fleuri d'avoir ailé les roses mûres
Sème ma vie éparse aux routes du passé,
Oh viens m'être le souffle un peu des chevelures
Dont le poids doux parmi les fleurs s'est prélassé !

N'es-tu la fauve odeur des antiques Satyres
Par qui s'irrite en moi l'obscur legs d'une ardeur,
Ame des antres d'ombre ouverts comme des rires,
Soupir de flûte étrange et triste, ô vent rôdeur ?

Les rires éperdus de l'Été qui suffoque
Et le sanglot qui lutte et pleure sont à moi
D'avoir été jadis ivre en la forêt glauque
Tordre des cheveux roux comme des ors de roi.

Les choses furent de pourpres et d'hyacinthe ;
La torsade a noué sa gloire aux thyrses tors,
Et les palmes ont crû parmi la cendre éteinte
Où les torches du soir ont enfoui leurs morts.

Ma mémoire, ce sont des roses et des fleuves
Et ces oiseaux parmi le vent et les soirs clairs
Et des réveils tristes et plus las que des veuves
Et la forêt sanglante à l'orient des mers.

Et comme un fruit tombé dont le sang les enivre,
Voici mordre à mon cœur automnal et mûri
D'avoir vécu la joie et la douleur de vivre,
Les oiseaux éperdus parmi le vent fleuri.

VII

Il passe avec de vains sourires
A leurs lèvres pâles et mortes,
Des troupes fauves de Satyres
Et des masques de toutes sortes.

Des robes qui furent vermeilles
S'accrochent aux ronces et des
Thyrses tordus et dénudés
Montrent une souche de treilles.

Il ruisselle des chevelures
Merveilleuses dont l'or s'altère ;
Des gemmes s'éteignent obscures
Aux manteaux que le vent lacère.

★

Passages par folles déroutes
De masques qui furent ma vie,
Lèvres de rire ou d'ironie
Que ternit la cendre des routes ;

Ombres vagues sans destinée
Autre que d'être de la nuit,
Éphémère sans plus enfui
Qu'un vain phalène d'autre année.

Parmi tout ce qui fut ce songe
Et ce flot perdu qui dévale,
Nulle mémoire ne se songe
Mystérieuse et nominale.

LE SALUT A L'ÉTRANGÈRE

> J'offre ma coupe vide où souffre un monstre d'or.
> STÉPHANE MALLARMÉ.

Aux ruines de Vie antérieure et morte,
Au fronton dominant l'ombre cave de la porte
Où s'engouffrent les feuilles comme les ailes mortes
Des vols de crêpe épars sur les étangs de moire,
Face de doux relief et triste épiphanie
Double de Songe et Sœur de Mémoire,
Et sourire posthume qui se renie !

Masque pâle entre ses bandeaux et pour la mort
Sans funèbre laurier au front ni pierrerie,
Lèvres de pourpre stricte où le silence crie,
Et les yeux clos comme des yeux d'enfant qui dort ;

Masque pâle sans au front une pierrerie
Ni funèbre laurier au-delà de la mort,
Quelle parole est morte à la lèvre meurtrie
De quel aveu pour que la lèvre en saigne encor ?

Masque éperdu vers les étoiles,
Son intacte blancheur de marbre a vaincu l'ombre
Et la face s'exhume éternelle de l'ombre
Blanche et grave sous les étoiles.

Masque plus pâle que l'aurore
Et la lune aux étangs mirée et faciale,
Étrange et fruste et d'une douceur faciale
Ainsi qu'une lune d'aurore.

Masque ébloui sous le soleil
Fixe et grave d'une candeur inaltérée,
Nulle soif n'a disjoint la lèvre inaltérée
Rouge fruit gorgé de soleil.

Masque sans larme sous la pluie
Où la pluie aux soirs d'ombre éperdûment ruisselle,
Paupières closes d'où rien autre ne ruisselle
Que les froides larmes de pluie.

Masque muet au vent qui passe,
Au vent qui passe et joue en les lèvres aphones
A simuler la voix de ces lèvres aphones
Où le mensonge du vent passe !

Je t'ai connu vivant, hilare et nimbé d'or
Sous le triple laurier et sous la pierrerie,
Yeux à la vie et bouche éloquente et mûrie
Pour le baiser et pour la colère qui mord.

J'ai vu vivre tes yeux, tes yeux, ô pierreries,
Et je sais le passé que ton silence dort
Quand tu marchais vivante, en les idolâtries,
Parmi les palmes et le sang et parmi l'or !

I

L'usurpateur mystérieux des destinées,
L'involontaire Amant qui chevauche et guerroie
A disparu dans l'ombre au détour des années.

Le cimier d'ailes au vent de la mer s'éploie,
L'éternelle aventure a ri comme une femme
Aux horizons d'aurore un visage de joie.

Il a vu, dans le ciel de pourpre et d'oriflamme,
Un masque douloureux pleurer parmi les nues
Du couchant saccagé comme une Ville en flamme.

Des antres et du lac les Nymphes sortaient nues;
Les Aegypans des bois ont guetté son passage
De leurs yeux clairs luisant en leurs faces cornues.

Sous l'invincible pas de l'Errant triste et sage,
Les charmes vains craquaient un bris de branches mortes
Ou fuites de noirs vols d'orfraies au ciel d'orage;

Le pennon et le glaive hauts en ses mains fortes,
Il traversa le val et la mer et la plaine
Et vit, un soir, la ville et les murs aux sept portes,

Et sur la tour de marbre fruste, assise, Hélène !

Reine des seuils sacrés et des villes murales,
Salut à ta splendeur, par le glaive et le cor !
En tes cheveux, en tes robes, en tes opales,
En ton passé divin tout incandescent d'or.

Salut en ta douceur de femme et de fileuse,
En les aubes de paix de tes soirs véhéments,
Et d'être née ainsi dans la nuit fabuleuse
Pour resplendir au songe éternel des amants.

Sur la tour solitaire où trône ton prestige
De fleur mystérieuse et d'idole des soirs
Les ramiers douloureux roucoulent le vertige
Des âmes de jadis qui burent aux Styx noirs.

Eux qui vinrent du fond des terres sans merveilles
Vers ta face apparue en leurs songes déserts ;
Et leurs riches désirs montaient comme des treilles
Aux murs où posaient nus tes pieds vainqueurs des Mers.

A genoux, comme pour pleurer leurs funérailles,
Les uns mouraient d'amour devant tes seuils sacrés,
D'autres ensanglantaient la herse des murailles
Qui trouait le poitrail de leurs chevaux cabrés !

Ils percèrent parfois de flèches sacrilèges
Ta chevelure en tiare, écroulée à demi,
Pareille à quelque tour qui domine les neiges,
Et ta chair palpitait comme un cygne endormi.

Salut en ton passé divin et dans mon âme,
Étrangère, debout sur les siècles haïs
Du paisible regard de ton deuil qui les blâme
Et pour ta face pâle en mes soirs éblouis !

III

Étrangère ! fatale enfant, espoir des Fées,
Le geste de ta main où luit la fleur d'Endor
Destine les héros à la Gloire ou la Mort
Et les voue au travail des bêtes étouffées.

C'est par toi que de sang se payent les trophées
Et se crispe la chair sous la dent qui la mord
Et qu'au Bois noir où l'arc de frêne vibre encor
Une odeur de tuerie éclate par bouffées.

Si le pied triomphal parmi l'ache et la flouve
Foule hors de l'antre un crin de laie ou de louve,
Le cri de l'Oliphant qui vocifère, au soir,

L'angoisse de rubis dont s'orne l'âpre corne,
Du fond du passé fabuleux t'appelle à voir
La hure bestiale au poing du Tueur morne !

IV

Un fard exalte encore un peu d'ivresse morte
Aux lèvres que sa flamme ardente pourpre et brûle
Et le sourire est plus triste qu'un crépuscule
Où souffre le sanglot d'un blessé qu'on emporte
Mourir sanglant et douloureux au crépuscule !

L'antique amour a ri sur ta lèvre, ô Vivante,
L'écho des forts désirs à qui la chair accède
Et les lourds midis nés à la vie éclatante
Ont plu leur clarté d'astre sur ta nuque tiède
D'où croulait ta toison chevelue et vivante.

L'impérieuse ivresse est brève comme un songe,
Sang des lèvres tari par le soleil avide ;
Le fard mystérieux qui supplée et prolonge
Sourit plus las qu'un soir stérile en le ciel vide,
Et la Vivante est pâle et triste comme un songe.

Ennemie, étrange Morte, Guerrière morne,
Ombre de la forêt, masque de l'aventure,
Oh va, pour l'invisible Chimère dont s'orne
Le casque d'or cimé que fut ta chevelure,
Abjurer ton mensonge au noir flot d'un Styx morne !

V

Que n'es-tu l'Exilée, hélas, ou l'Étrangère
Cachant pour vrai trésor sous sa robe en lambeaux
Une pierrerie immortelle et messagère
De quelque astre levé derrière les tombeaux !

La voix d'enfant est douce en les chansons d'aïeules
Et le glaive du père mort ou massacré
Sied aux mains des filles errantes qui vont seules
Loin de la Nuit sanglante où leur âme a pleuré.

Le vent a dispersé les oiseaux et les nues,
Les feuilles volent sur le fleuve vert et noir
Et jonchent le morne sable des grèves nues
Où des iris fleuris éclatent dans le soir.

M'apportes-tu sous tes haillons de Voyageuse
A qui sourit l'étoile en la forêt sans fleurs,
L'opale que la grotte avare et ténébreuse
Mit cent ans, goutte à goutte, à germer de ses pleurs ?

Si le glaive est toujours l'ornement du trophée
Où luit l'opale prise à trois griffes d'accord,
Quel talisman s'exalte en tes cheveux de fée
Pour que je croie à ta promesse d'un trésor ?

Nul signe que tu sois Celle pour qui dédie
La magique forêt ses arbres merveilleux
Et ses paons triomphaux dont la roue irradie
Une extase de plume où rayonnent des yeux.

Qui sait si le flot sombre ainsi qu'une herbe mûre
Ouvrira ses sillons devant tes pas divins ?
Qu'importe de n'avoir pour preuve et pour augure
Que ta simple beauté des pays d'où tu vins.

Prends ma main ! le Soir apaise l'onde fatale
Du fleuve où nous entrons comme dans un tombeau
Jusqu'à ce qu'elle monte à ton sourire pâle...

Nul talisman en ses cheveux flottant sur l'eau !

MOTIFS DE LÉGENDE ET DE MÉLANCOLIE

I

L'essieu des chars se brise à l'angle dur des tombes
Où nos âmes de jadis reviennent s'asseoir
Et des gestes qu'ont fui des exils de colombes
Jettent à pleines mains des roses au ciel noir.

Le crépuscule pleut un deuil d'heure et de cendre
Qui courbe les fronts pâles de cheveux trop lourds
Dont le poids mûr s'effondre et croule et va s'épandre
Sur la dalle où dorment les songes des vieux jours.

L'éternelle Toison, par delà les mers sombres,
Au fond des soirs, se dresse, étrange en son poil d'or,

Et les cornes d'émail allongent leurs deux ombres
Sur le flot fabuleux qui gronde et saigne encor.

Le flot saigne à jamais de l'éperon des proues
Qui coupaient le reflet des étoiles dans l'eau;
Le roc rompt la carène et la pierre les roues
Et le vent à l'écueil pleure comme au tombeau.

Les Arianes, aux îles de fleurs et d'astres,
Qui veillaient dans la nuit sur leur sommeil fatal,
Attendent le Héros de leurs tristes désastres
Qui les doit reconduire au vieux Palais natal.

La Chimère accroupie aux gorges de l'attente
Crispe ses ongles durs où luit le sang des forts,
Et notre âme a tenté l'aventure éclatante
Du mensonge immortel pour qui d'autres sont morts.

Dormez, Princesses au manoir, nul cor, ô Mortes,
N'éveillera vos rêves et nul glaive clair
Ne heurtera de son pommeau vos hautes portes
Où le béryl magique incruste son éclair.

Le vent de la Mer vaste a déchiré les voiles
Des nefs que l'albe aurore égara vers la nuit,
Et l'essieu s'est brisé dans l'ombre sans étoiles ;
La Licorne vers la forêt, d'un bond, a fui !

La Mémoire pleure sur la pierre des tombes,
Gloriole éternelle et très antique espoir,
Et ces songes sont comme un exil de colombes
Emportant à leurs becs des roses au ciel noir.

II

« Et la Belle s'endormit. »

La Belle, dont le sort fut de dormir cent ans
Au jardin du manoir et dans le vaste songe
Où le cri né des clairons sacrés se prolonge
Pour sonner son sommeil jusqu'à l'aube des Temps !

La Belle, pour l'éveil victorieux d'antans
Que son intacte chair proclamera mensonge,

A chargé de joyaux sa main qui gît et plonge
En un flot de crinière où les doigts sont latents.

Et tandis que des toits, des tours et des tourelles
Les Colombes ont pris essor et qu'infidèles
Les Paons mystérieux ont fui vers la forêt,

Couchée auprès de la Dormeuse, la Licorne
Attend l'heure et là-bas guette si reparaît
L'annonciateur vol blanchir l'aurore morne!

« Et le Chevalier ne vint pas. »

Les paons bleus l'ont cherché dans la forêt. Nul soir
N'a rougi son cimier d'ailes et de chimère;
Les Colombes blanches dont l'aurore est la mère
Ont vu la tour déserte et vide le manoir.

Et les Aïeux, dès jadis morts, n'eurent pas d'hoir
Avide d'aventure étrange et de mystère,
Nul héros à venir, pour l'honneur de la terre,
Vaincre d'un baiser le magique sommeil noir.

L'endormie à jamais étale ses mains pâles
Où verdit une mort annulaire d'opales ;
Et la Princesse va mourir s'il ne vient pas.

Plus n'a souci, Nul, de dissoudre un sortilège,
Et la Licorne hennit rauque au ciel lilas
Où frissonne une odeur de mort, d'ombre et de neige.

« Et la Belle mourut. »

La Licorne ruée en fuite hume et croise
Les vents qui du midi remontent vers le nord,
Et sa crinière éparse ruisselle et se tord
Que nattait de rubis la Princesse danoise.

Loin des glaciers et des neiges roses que boise
La verdure des pins où gronde comme un cor
L'écho du marteau lourd des Nains qui, forgeurs d'or,
Façonnent le hanap où l'on boit la cervoise,

La Princesse aux doux yeux de lac, d'astre et de mers,
Est morte et la Bête fabuleuse à travers
Les gels glauques, la nuit vaste, l'aurore morne,

Folle d'avoir flairé les mains froides de mort,
Se cabre, fonce et heurte et coupe de sa corne
Les vents qui du midi remontent vers le nord !

III

Ce fut par delà le fleuve aux rives d'iris
Que le vent agite en papillons d'hyacinthe
En un silence doux que je la conduisis,
Joyeuse du grelot d'un bracelet qui tinte.

L'étonnement de son regard parmi l'aurore
Était au fleuve clair tout violet d'iris
Où s'aile en vol de fleurs la nuit pour fuir l'aurore,
Et la ville était belle où je la conduisis :

Aux escaliers d'onyx un lé d'antique soie,
Des paons veilleurs rouant des gloires de saphyr,
Des textes graves et des légendes de joie
Aux banderoles brusques de pourpre de Tyr !

La maison vide était sonore comme en rêve
Et j'entendais battre son cœur, tout bas, de joie
D'être vêtue ainsi selon un vœu de rêve
De robes d'or ouvré de rosaces de soie.

IV

Errantes aux grèves des mers parmi les roches,
Leur grâce puérile minaude en reproches :

« Nous avons dans la mer trempé nos mains comme des folles
Et cueilli des bouquets d'écume et d'algues rousses ;
Nos amants ont glané les fleurs de nos paroles
Et vont là-bas humant le miel des lèvres douces
Dont le parfum flotte au soir pavoisé de nos paroles !

Voici toute la mer qui croule aux plages douces
En floraison d'écume éparse et d'algues folles.

Nos beaux amoureux sont vêtus de soie et d'écarlate,
Ils ont des colliers d'ambre et des bagues d'opales

Et l'orgueil par un rire à leurs lèvres éclate
D'avoir cueilli l'aveu de nos avrils, fleurs pâles
Qu'ils portent en grappes aux pans de leur robe écarlate.

La mer déferle et pleure au long des grèves pâles
Et le rire des flots aux dents des rocs éclate.

Nous n'irons plus au bord des mers, nous n'irons plus, ô folles,
Sur les sables stellés de lagunes d'opales...
Les oiseaux de passage ont volé nos paroles
Qui parfumaient le soir ainsi que les fleurs pâles,
Les infidèles sont partis, nous n'irons plus, les folles !

Les saphyrs de nos yeux s'attristent en opales
Et l'écho des cœurs morts est sourd à nos paroles. »

★

Ils ont heurté les portes d'or
Du pommeau rude de leurs glaives
Et leurs lèvres étaient encor
Amères de l'embrun des grèves.

Ils entrèrent comme des rois
En la ville où la torche fume,
Au trot sonnant des palefrois
Dont la crinière est une écume.

On les reçut en des palais
Et des jardins où les dallages
Sont des saphyrs et des galets
Comme on en trouve sur les plages ;

On les abreuva de vin clair,
De louanges et de merveilles ;
Et l'écho grave de la mer
Bourdonnait seul à leurs oreilles.

*

Elles diront quand, las des jardins de la ville,
Leurs amoureux appareilleront vers quelque île :

« Leur nef rasa de près les rocs du promontoire
Où ne plus rire fut toute notre tristesse
Et d'être assises en cette pose qui laisse

Pendre ses mains avec des brisements de lis,
Et leur départ hésite aux rocs du promontoire
Et s'enfonce en voguant aux occidents pâlis.

Vogue, ô Navire, et va sans nous chercher des îles
Mystérieuses où les grèves sont désertes ;
Nos chevelures valaient les algues inertes
Que tressera, là-bas, l'ennui de leurs doigts las
D'avoir si loin ramé vers le port et les îles
Où les fruits doux mordus ne leur suffiront pas.

Et si quelque tempête un soir te désempare,
Tu n'auras pour franchir le piège des parages
Nos lourds cheveux à tordre en guise de cordages
Et nos chants pour calmer le tumulte des flots
Submergeurs des vaisseaux que le vent désempare,
Ni nos yeux pour guetter l'embûche des flots.

Plus tard il rêveront en l'exil misérable
A des retours vers nous vogués à toutes voiles,
Et nous serons pour eux des souvenirs d'étoiles
En le passé stellé du feu de nos yeux clairs.
Il pleureront vers nous dans l'exil misérable
Comme on pleure à des levers d'astres sur les mers! »

V

La Vie étrange et douce et lente va mourir
En vigne qui s'effeuille au temps des grappes mûres.
La chevelure est toute aux prises du saphyr
Et le désir s'entrave aux boucles des ceintures.

La voix du vieil amour qui riait à l'aurore
Sanglote dans le soir et suffoque et larmoie,
Et la fontaine pleure en la forêt sonore
Encore des échos de notre antique joie.

La ceinture agrafe son étreinte mauvaise
Et de sa boucle griffe les robes meurtries,
L'aile du vent s'acharne en les cheveux où pèse
L'emprise d'ongles d'un joyau de pierreries.

Oh! dans l'aurore, après l'affre de la vigile
Où mon âme saigna son angoisse au désert,
La robe s'allongeait en rite d'Évangile
A l'entour des pieds nus et lavés par la Mer.

La terre d'ocre et de stérile Samarie
Fêta Celle qui vint, par miracle, sa joie !
Et le pli de sa robe étalée et fleurie
Secoua des roses prises parmi la soie.

Crispée en amas roux aux griffes d'un saphyr
Ruissela du joyau maître la chevelure
Et les seins divulgués jaillirent pour s'offrir
Au désir qui s'irrite au nœud de la ceinture.

Et l'amour a dormi sous l'averse des roses
Et nue et douce et plus rieuse qu'une enfant
En qui revit l'âme grave d'antiques choses
Qu'apporte du fond des vieux royaumes, le vent.

Le vent chargé d'exils, de songes et d'années
Et de voix mortes aux oublis de la mémoire...
Elle a dormi selon les vieilles destinées
Qui la voulaient soumise au gré de ma victoire.

Pour railler par échos la clarté de ses rires
Sourdirent des douceurs de flûte et de fontaines ;
De glorifiantes et laudatrices Lyres
Chantèrent par delà les arbres de la plaine.

A travers ses cheveux épars dans du soleil,
J'ai vu monter des forêts hautes et des terres
Où passait dans le soir violet et vermeil
La harde des Désirs cabrés en Sagittaires.

A travers l'odeur chaude dont sa chair endort,
J'ai vu des ciels clairs où grimpaient des fleurs étranges
A vaincre d'un parfum la folle et vieille Mort
Titubant du vin bu de ses tristes vendanges.

La rumeur des grands flots aux caps des péninsules
Apaisés sous le soir et sous les vols d'oiseaux.
Fut au rythme de ses seins, et des crépuscules
Stellèrent vaguement ses yeux larges et beaux.

L'antique Samarie où pria ma vigile
Sur la Terre déserte et sous les oliviers,
A fleuri son miracle à la voix d'Évangile
Qui vint du pays des Songes émerveillés.

Le vent a balayé les roses éphémères
Aux marais par le soir élargis dans les nues ;
Les joyaux aigus sont des griffes de Chimères
Et les boucles des dents de Bêtes inconnues ;

La robe lourde et longue et grave est une armure
Et l'or des cheveux roux un casque de guerrière ;
Le désir s'entrave aux boucles de la ceinture
Qui s'agrafe en rigueurs d'étreinte meurtrière.

L'ample robe a vêtu d'un mystère vorace
La chair nue à jamais pour mon rêve et reprend
Sa rigidité de hiératique cuirasse
Où darde le soleil futile et fulgurant ;

Et le vent de l'Automne exfolie et saccage
La vigne nue et jusques vers la Mer emporte
Le sanglot éperdu qui pleure le passage
De Celle qui s'en va parmi la Forêt morte.

VI

Les fleurs sont mortes sous ses pas
De la plaine aux collines pâles
Et le ciel est d'un rose las
Comme les roses automnales ;

Les fleurs sont mortes en ses mains
De la maison aux jardins pâles
Et le vent chasse à pleins chemins
Un tiède sang de purs pétales.

La voici seule et nue en le soir de mon songe !
Les oiseaux en passant sur sa tête ont pleuré,
Le vent en emportant sa voix douce a pleuré,
La source en reflétant son visage a pleuré ;
Elle va seule et nue en le soir de mon songe.

La porte est fermée et les fenêtres,
Et nul phare de lampe aux vitres mortes

Et la maison, parmi les vieux hêtres,
A la tristesse des demeures sans maîtres
Et dans le puits on a jeté la clef des portes.

Les grands Cerfs roux viendront flairer aux serrures
Et fuir au bruit léger des faînes sur le toit,
Et les oiseaux mangeront seuls les grappes mûres
Comme de lourds rubis au manteau d'un vieux roi.

Je sais la forêt sombre où s'en va l'enfant nue ;
Sa main est froide encor du cuivre du heurtoir,
Étrangère qu'ont méconnue
La maison taciturne et l'hôte sans espoir.

Les vents accroupis comme des chiens voraces
Du seuil des antres sourds hurleront sur ses pas
Et pour la Fille en pleurs des royales terrasses
Les Portes du palais ne se rouvriront pas ;

Ses las cheveux en proie aux souffles du ciel morne
Flotteront dans l'aurore et le soir, à jamais !
La forêt et le mont où la lune s'écorne
Ignoreront le prix de leurs ors parfumés.

Le triste Maître de la maison déserte pleure ;
La hêtraie immobile ou folle, selon l'heure,
Se balance ou s'endort, s'apaise ou murmure ;
Une à une les faînes tombent sur les toits,
Les grappes s'égrènent dans l'herbe mûre,
Et par la vitre, vers le bois
Et la plaine et le jardin que la mousse ronge,
Le triste Maître en deuil du mal de quelque songe
Regarde et songe :

« En l'antique forêt des hêtres et des houx
Sur qui le crépuscule expire en mort de mauves,
Les arbres bercent sur les branches des hiboux
Dardant une pierrerie étrange d'yeux fauves.

Forêt vaste qui croît sur ma terre de songe,
Cache au moins dans ta vie un pan du dur tombeau
Où gît ce que mon âme a cru du vieux mensonge
Et mêle l'aube et l'ombre à mon rêve plus beau.

Si les anciens désirs volent de cime en cime
Avec de longs cris doux de tristesse et de nuit,
Épanche la douceur de tes voix unanimes
Sur la maison déserte à qui quelque astre a nui.

Hélas! les arbres sont hantés comme mon âme
Et des yeux vigilants s'irritent dans le soir,
Et voici par le bois où le cerf rôde et brame
Luire des griffes d'or en le feuillage noir. »

VII

Que t'importe? Je sais le mot, le charme et le signe!

Les bois clairs sont oisifs de brises et d'oiseaux
Et les grappes des hautes vignes
S'égrènent, une à une, dans les eaux
Tranquilles où dans les roseaux
Dorment les cygnes.

Les loups méchants dans les chemins de ma forêt
Fuiront furtifs et roux comme mes vieilles haines;
Ma mémoire pareille aux fontaines
Oubliera le passé qui s'y mirait
Pour y pleurer ses peines
Avec sa pâle face de Geneviève aux tristes Ardennes
Parmi l'exil de la forêt.

Les biches blanches qui broutent l'ache et le cytise
Et grimpent aux rochers de mousse et sont rieuses
De gaîtés mystérieuses
Viendront, selon tes clairs regards qui les motivent,
Manger en mes mains oisives
A l'ombre des saules ensoleillés et des yeuses.

Ton regard n'est-il pas tous les passés en moi,
Ta voix tous les oiseaux du bois qui dort
Et garde un lac de mort
Sous les grappes s'y égrenant, une à une, en rides d'émoi ?
Celui qui t'exila dans les grottes du Nord
C'était Moi,
Puisque je sais le mot, le signe et l'endroit
Où paissent dans la nuit les palefrois,
Nous reviendrons un jour vers le Palais du Roi !

VIII

Ce vent triste qui vient du fleuve et des prairies
En arômes de fleurs, d'îles et d'oseraies,

Et qui passe à travers les arbres des futaies,
Où veut-il donc mourir las de ses rôderies,
Vent de prés et d'arbres
Qui chuchote aux lèvres de mousse des vieux marbres,
Voix en exode, voix en peine et vague ?

Il était un bois noir, comme une âme, ombre et songe.

Les mille feuilles en cœurs vivants des lierres,
Jours d'antan clairs et brefs comme des clairières,
Mousses du vieux silence aux lèvres qu'elles rongent,
Ruisseaux qu'on suit longtemps sans les voir
A leur murmure sous les branches,
Chênes plus vieux que le manoir
Au bout de l'avenue issu, dormant et noir,
Avec les filles du vieux Seigneur en robes blanches !

Le vent aux feuilles déjà rousses papillonne,
Le vent aux feuilles a des soupirs de vierge,
Les glaïeuls défleurissent leur flamme de cierge ;
Le vent va-t-il mourir en la forêt d'automne ?

Il courbe les fléoles et les hautes herbes
Et semble une main qui flatte des cheveux fins.

Ah ! notre meule était toute de bonnes gerbes
Et nos greniers d'hiver lourds d'orges et de grain
Et les gais étains clairs riaient à notre faim.

Le vent agite follement les campanules
De la fenêtre ouverte aux fièvres du lit blanc.
Souvenances des passés en fleurs carillonnant,
Troupeaux du doux jadis au gué bêlant,
Et les voix de la barque nous hélant...

Du fond du vent et de parmi les crépuscules.

IX

Un si pâle pastel qu'il semble être un miroir
Où tu fus rose et blonde et douce, et qu'un espoir
De sourire illumine en sa poudre ancienne,
Une fleur en un cristal noir
Où semble avoir brûlé par la magicienne
Le vieux philtre d'amour qui rend pâle au miroir.

Un satin froid qui meurt sa flore cueillie
En des Jardins que savaient les Tisseurs du vieux temps
Casse à ses grands plis durs les lys et les glaïeuls
Au dossier des fauteuils :
Étoffe vaine, faux printemps
Dont s'était parée, ô Jolie,
Ta folie
D'avoir ri de ces lèvres de fruits éclatants.

Un fin collier qui pleure en perles, une à une,
Sur le tapis et roule en grêle jusqu'au parquet
Où miroite un lac de cygnes enfuis la Lune,
Et le fard, l'éventail, la mule et le bouquet.

Pastel, fleurs et satin, collier, et la mémoire
Des roses de la barque éparses sur l'eau noire
Qui mire le tombeau de bronze et de basalte,
C'est tout ce qui demeure et tout ce qui s'exalte
Du grand délice mort par qui mon âme est chaste.

X

Au royaume oublié des Nefs et des Vigies,
Les grands Oiseaux plus lents que les vagues
Rasent la côte avec des ailes élargies
Et cherchent la Morte dont les bagues
Luisent au sable qui couvre ses mains pâlies.

Le flot de la Mer n'a plus d'écume,
Les roses s'ouvrent comme des lèvres mortes
Sans espoir de quelque Avril posthume
Où refleurir encor les vitres et les portes
Du Palais perdu parmi la brume.

Flot sans écume et crépuscule aux ailes lasses
Dont l'ombre est légère aux grèves d'ombre
Et flûte suraigüe à l'angle des terrasses
Dont l'ombre déborde aux jardins d'ombre
Où les clefs sont aux serrures des portes basses.

XI

Des songes du plus beau des soirs
Rien ne survit en l'aube aride
Qui ne montra dans les miroirs
Que sa morte pâleur d'Armide.

Jardins, portiques de portor,
Iles, eaux, fleurs, grottes, prairies
Où les paons gardaient un trésor
Dont ils semblaient les pierreries.

Le sortilège enseveli,
Cendres sans phénix par la flamme,
Isole sous le ciel pâli
La face triste de la femme.

Voici mort le royaume faux
Croupir en la nuit ancienne.
Tombez, sourires triomphaux
Et fard de la Magicienne.

Des songes du plus beau des soirs,
O victime et dépositaire,
Confronte à tes mornes miroirs
Un éveil d'Amant solitaire !

SCÈNES AU CRÉPUSCULE

> La Nuit monte trop vite et ton espoir est vain.
> JOSÉ-MARIA DE HEREDIA.

I

Le vent du soir dénoue aux robes défleuries
La ceinture d'émail et l'écharpe de soie,
Les draps lourds des tréteaux ondulent aux prairies
Où frissonne la banderole qui s'éploie.

Il filtre un air épars de flûte et de viole,
Soupir d'archet qui vibre aux grêles cordes d'or
Et cesse si jaillit du chœur qui s'étiole
Quelque sanglot trouant la toile du décor.

De grands orgueils rompus comme en éclats de glaives,
De grands espoirs tués comme des oiseaux bleus
Qui saignent par la nuit de la mer et des grèves
Où luisent les torches des Actes fabuleux.

Le cri du buccin clair s'enlace de violes,
Il meurt des ailes aux franges d'or des tréteaux
Et des flûtes tout bas pleurent des glorioles,
Rames des nefs d'espoir en larmes sur les eaux.

Le crépuscule est si triste et ce soir de fête
Si dénué de rire et hanté du vieux songe,
Et la prairie est toute rose et violette
Et le geste en un geste d'ombre se prolonge,

Et les Joueuses, en leurs robes défleuries,
Sentent, leur voix rétive aux rôles oubliés,
Sur elles se mourir l'éclat des pierreries,
Et leurs masques choient et se brisent à leurs pieds ;

Plus tremblantes dans l'ombre où tremble une viole,
Elles écoutent frissonner toute la mort
Et jaillir, comme un cri, du chœur qui s'étiole
Le buccin clair trouant la toile du décor.

Face à face et devant le soir qui les fascine
A l'étrange prairie où ne foule les fleurs
Nul Avide d'ouïr la Fable sybilline,
Que se diraient leurs voix d'Amantes et de Sœurs ?

Et le doux chœur épars et grave comme une âme
Lasse à jamais et qui pleure et suffoque au songe
Des bleus oiseaux brûlés par la torche de flamme
Rétorque le silence où se plaît leur mensonge.

II

En allant vers la Ville où l'on chante aux terrasses
Sous les arbres en fleurs comme des bouquets de fiancées,
En allant vers la Ville où le pavé des places
Vibre au soir rose et bleu d'un silence de danses lassées,
Nous avons rencontré les filles de la plaine
Qui s'en venaient à la fontaine,
Qui s'en venaient à perdre haleine,
Et nous avons passé.

La douceur des ciels clairs vivait en leurs yeux tristes,
Les oiseaux du matin chantaient en leurs voix douces,
Oh si douces avec leurs yeux de bonne route
Et si tendres avec leurs voix de colombes indicatrices !
Elles s'assirent pour nous voir, tristes et sages,
Leurs mains jointes semblaient garder leurs cœurs en cage.

Les ballerines ont croisé nos chemins
Et nous avons suivi leurs fards, leurs rires, leurs tambourins
Pour les perdre un soir d'ombre au détour du chemin...

Nous allons vers la Ville où l'on chante aux terrasses
Sous les arbres en fleurs chercher les Fiancées,
O cloches d'allégresse au silence des places,
Les clochers tremblent comme des fleurs balancées !

Nos espoirs entreront par les portes ouvertes
En vols de papillons légers aux vastes ailes,
Avec les hirondelles
Qui s'en viennent inertes,
Lasses d'avoir passé et repassé les mers,
Et vers les angles noirs et sur les pavés clairs
Nos espoirs volèteront en ombres joyeuses

Comme des pétales de fleurs merveilleuses
Que pleut le soir d'avril aux tresses des fileuses.

III

Les papillons sont pris en les fils des rouets
Et la Ville est fatale aux destins de misère
Qui passent en songeant sous leurs manteaux troués ;
Le vent venu des prés est nué d'éphémères...

Les rouets sans repos chantent aux seuils des portes,
Vibrants et doux et comme en mémoires d'abeilles,
Et les métiers subtils de soie ourdie moquent
Les blancs vols prisonniers dont ils captent les ailes ;

Le vent s'irrite et rit en les manteaux troués
Par le vieux mal de vivre aux destins de misère ;
Les papillons se prennent aux rêts des rouets
Et le soir tombe sur la Ville sage et claire

En papillons mourant aux tresses des fileuses,
Et l'étoile se double au flot de la fontaine...

Pour qui tissent-elles ainsi la laine neuve
Puisqu'aux trous des manteaux en loques la chair saigne ?

IV

Triste Ville où le Pèlerin se passionne
Aux doux visages apparus à la fenêtre !
Ses sandales traînent les feuilles de l'automne
Sur les pavés que frappe son bâton de hêtre.

Les fileuses d'été qui riaient sur les portes
Ont suspendu le chanvre à la poutre de l'âtre
Et pensent d'agneaux nés de mères qui sont mortes
Et comme eux se blottir au manteau du bon pâtre.

Derrière le gel clair de la vitre que gerce
La brume où les feuilles sont des oiseaux légers,
Elles regardent à travers toute l'averse
La ville comme une âme ouverte aux étrangers ;

Et par delà l'exil glauque des verres pâles,
Comme au fond d'un songe qui les garde captives,

Les faces apparaissent aux croisées des salles
Où l'ombre monte du parquet jusqu'aux solives.

Le givre arborisé, fougères et lianes,
Forêt prise au cristal d'un lac qui la simule,
Fait d'elles comme des songes de Vivianes
Qui regardent passer l'Errant au crépuscule.

Ah toutes ! donnez-lui la paix des bonnes lèvres
Et le sommeil parmi les cheveux et l'espoir
Et la robe tissée à bien dormir ses fièvres,
Pour que son pur tombeau lui soit doux quelque soir.

V

Elle habite, cette Ame, à l'orient des villes
Près du fleuve désert où boivent les oiseaux.
La mousse ronge la maison aux murs stériles
Où se tord un cep nu sans pampres ni fruits beaux.

Elle a marché suivant le héron ou l'aronde
Qui sur les prés d'avril et les marais d'automne

Passe et repasse et qu'un caillou de quelque fronde
Décime et qui saigne sur le jonc qui frissonne.

Le soir a tressailli de son sanglot nocturne
Au retour morne après tant d'espoirs et d'aurores,
Elle s'attarde assise à son seuil taciturne
Si passe un bruit de pas, d'armes ou de mandores.

Ah! le fleuve est désert le long des routes pâles
Et la porte est ouverte à qui n'est pas venu
Aux pierres du chemin dans l'usé des sandales
Et quelque rose en feu fleurie au bâton nu!

Ah! comme on l'a cherché par le val et les landes,
Comme cette âme fut pareille à quelque oiseau!
Et la triste maison sans treille ni guirlande
Crispe à son âtre noir la harde et le manteau.

VI

Les grands chars sont entrés dans la forêt sonore
Où les essieux frôlaient les talus en fleurs,
Sur le bord du ruisseau tiède d'un ciel d'aurore
J'ai cherché des perles rares et des fleurs.

Les grands chars sont entrés sans moi dans le bois d'ombre,
Perdus à jamais au détour des chemins,
Et le doux flot contait des choses à mon ombre
Et j'ai ce soir des trésors à pleines mains.

Le rire des essieux entravés de guirlandes,
Les mules d'amble aux sabots fourrés de soie,
Et les Dames tordant entr'elles des guirlandes,
Et les éclats des fouets tressés de soie.

Tout le cortège des Sœurs blondes et des Frères,
Avec qui j'ai franchi les fleuves, les prés
Et les monts où les gemmes jaillissaient des pierres
Sous le pas des chevaux hâtés vers les prés,

Entra dans la forêt merveilleuse et magique
Où les fleurs des talus frôlaient les essieux,
Et j'erre seul, parmi le soir, riche et magique,
Les doigts embrasés de joyaux précieux.

Je ne franchirai pas la borne des lisières
Pour joindre les chars perdus parmi les arbres ;
Les chevaux dételés hennissent aux lisières
Troublant les nids de pie au sommet des arbres.

VII

Le parquet clair frappé de quelque haut cothurne,
La guirlande ondulante au vent d'un geste prompt,
La ride hilare à la bouche du mascaron,
L'héroïne riant au héros taciturne,

L'emphase langoureuse et la lampe nocturne,
Pâle Psyché que tes sœurs pâles haïront !
Tout préambule de prologue s'interrompt
Et le manteau se drape au socle nu de l'urne.

La chevelure est éparse, jadis torsade,
Et la vie exaltée et folle qui parade
A travers ses fards morts sanglote le cri vrai,

Le cœur bat comme un oiseau blessé qui s'affole
Et voici, de la gaine et du coffret ferré,
Luire dans l'ombre, enfin ! l'Épée et la Fiole.

★

L'éclair mystérieux qui déchire le soir
— Signe funèbre parmi la nuée étrange,
Geste muet et tors de quelqu'un qui se venge —
Délégua par l'exemple, à l'Épée, un devoir.

Une toxique flore aux murs du vieux manoir
Crispe ses griffes en la pierre qu'elle mange
Et la tige et la fleur ont fourni le mélange
Qui d'un mal terne et froid ronge le verre noir.

Main tueuse que voue une annulaire opale !
Le cristal du goulot brûle la lèvre pâle
Et le flacon se brise aux dents qui l'ont mordu,

Et si ces deux Vivants maintenant sont des Ombres,
Qu'au moins le sang vivace et par la terre bu
Fleurisse à leur tombeau l'ardeur des roses sombres.

VIII

C'est l'aventure impérieuse des printemps
Par qui d'un double amour en deux des cœurs s'éveille
Un songe à qui quelque autre songe s'appareille,
Concordance des accordailles dans le Temps.

C'est l'aventure de toujours et de longtemps
Et les regards rôdeurs en piqûres d'abeille;
La grappe lourde ploie en entrelacs de treille
Et voici chanceler les rires éclatants.

Le soir est violet sur les Bois, et la Mer
Expire en diamants d'écume un sel amer,
Et l'Amour exalté brûla haute sa flamme

La Nuit morne pleut comme un blessé saignerait,
Tout est mort et tu sais maintenant, ô mon Ame,
La vieille histoire et le tombeau dans la forêt.

IX

Viens endormir encor ces songes monotones,
O vent triste, oiseau mystérieux de l'hiver !
Songes que n'ont vaincu par l'amour et la chair
Les bouches fructueuses des grasses Pomones
Ni le rire en éclat aux conques de la mer.

La seule voix, la voix précieuse
A passé le long du rivage,
En l'aurore ou le soir, au large,
Sans qu'abordât jamais la barque au mat d'yeuse.

Et j'entendais pleurer les rames sur la mer
Et les oiseaux frôler les voiles
Et j'attendais sa face en ses cheveux sur le ciel clair
Et l'été doux pleuvait d'étoiles.

Je n'ai pas connu ton visage d'aurore ou de soir,
Jamais tu n'es montée à la proue, ô Sœur,
Pour montrer que ta voix serait sœur de ta douceur
Et pour voir
Le pays de châteaux et de dunes
Derrière qui sombrent, une à une, les lunes,
La vieille terre que tu côtoies
Où mon âme attendait ta venue au pavois.

Doux vent, apporte-moi de la Mer et des Iles
L'écho de ta voix douce aux soirs de mers et d'or,
Doux vent, apporte-moi comme un oiseau du Nord
Quelque rameau fleuri pour mes jattes d'argile;

Doux vent, chasse du fouet de tes lames montantes
Celles qui dansent sur la plage et dans le bois,
Et brise aux durs rochers qu'offensent d'autres voix
Le stérile rire des conques éclatantes;

Doux vent, sois ma tristesse et mon âme chagrine
Et mon songe courbé sur un âtre sans or,
Sois le doux oiseau blessé que sur sa poitrine
Berçaient les nuits d'Hamlet en ses châteaux du Nord.

X

Par delà les fleuves taris
Fabuleusement anonymes
Gesticule aux jardins fleuris
Le jeu sans parole des mimes.

Des éventails et des épées,
Des saluts et des préambules
Et des lèvres de priapées
En des teints blancs de crépuscules.

Le long des fleuves innomés
Au jardin de désuétude
Où dans l'effeuillement des Mais
Le thyrse de l'an se dénude,

En robes follement flories
De rosaces pour la chimère
Où se cachent des pierreries
Dont la gloire éteinte s'altère,

L'aphone parade des mimes
Par groupes impairs évolue
En masques de fards anonymes
Un rite de fable perdue.

LE SONGE DE LA FORÊT

Bois magique qui fleuris de roses la colline
La descente éblouie aux plaines des collines !

Les Enfants en rond chantaient tes printemps dans leurs rondes
Et ton laurier magique et la Dame et tes roses,
Et les Filles mêlaient parmi leurs tresses blondes
Le geste d'y piquer ton laurier et tes roses.

Et les garçons chantaient la Dame merveilleuse
Et les filles jouaient la Dame merveilleuse !

Les jeunes hommes, le soir, près de la Fontaine
Parlaient si bas de ton mystère comme en rêve,

Disant : la Dame merveilleuse, là, prélève
Les lauriers dont se laure sa natte hautaine,
En couronne, et ses mains qu'annèlent les opales
Scellent en sa robe des bouquets de roses pâles
Et peignent ses cheveux où meurent en couronnes
La jacée et les jacinthes et l'anémone...

Et quelques-uns pleuraient encor la terreur vaine
D'avoir par les chemins marché vers ton mystère,
En l'aurore ou par la lune de nuit stellaire,
Et d'avoir reculé d'épouvante sacrilège
A s'introduire au mystère de ton silence.

Les Chevaliers, à l'heure où leur sieste s'allège
A fourbir et le casque et le glaive et la lance,
Racontaient leur passage en la Forêt magique,
Et, cécité fatale et morne des visières,
Disaient n'avoir rien vu dans la forêt magique
Sinon de grands cerfs roux comme un automne mort
Aux branches du hallier heurter leurs cornes d'or
Et longuement bramer en arrêt aux lisières,
Et des avrils neiger au lac qu'elle recèle
Dormant de fleurs et d'eau parmi les joutes d'ailes,
Lacs où vers l'aube choient des Étoiles aventurières.

Et de la Dame merveilleuse
N'avoir vu ni la robe ni les couronnes merveilleuses !

D'autres, partis Pélerins doux vers la Colline
Et le magique Bois qui sacre la colline
Et vers l'ombre où leur ombre vague s'est perdue,
Disparurent pendant des ans et des années ;
L'herbe d'oubli poussa dans leurs maisons désertes,
Le vent aux trous des serrures pleura la clef perdue,
Et la cloche au clocher par les aubes désertes
Les appela pendant des ans et des années.

Ils revinrent comme éblouis d'un rêve mort
Et comme si dans la Forêt ils étaient morts,
N'ayant plus au sortir retrouvé que leur ombre,
Et très doux ils erraient jusques au crépuscule,
Et, s'asseyant le soir au seuil usé des portes,
En des flûtes lentes, les doigts sur les trous d'ombre
Où semblaient s'infiltrer l'ombre et le crépuscule,
Ils jouaient en leur âme à des étoiles mortes.

*

Quelqu'un chantait dans la Forêt, parmi le soir,
A la Dame de sa folie et de son espoir :

Quand vous prites mes mains entre vos mains pâles,
En le bleu mort
De leurs opales,
Mon âme fascinée a vu des lacs de mort,
Et dans le bois bleui d'ombre glauque aux opales
D'eau morte, d'eau miraculeuse et végétale
De fleurs flottantes où le silence dort,
J'entendis sur l'étang chanter votre oiseau d'or.

Le bois clair se gemma de voix de pierreries,
De voix de diamants, de voix de rubis, de voix de saphyr,
Et le chant s'exhala plus riche à se fleurir
Et l'Oiseau semblait crier des pierreries.

Et j'entendis longtemps ainsi votre Oiseau d'or
Au fond de mon âme,
L'oiseau qui buvait, ô Dame,
Aux lacs glauques de vos opales de mort.

*

Puisqu'en mon rêve s'exagère
Le bois magique pour exclure
De tout horizon d'autre terre
Cette âme folle d'aventure...

Puisque la forêt multiplie
Le piège tors de ses guirlandes
Afin qu'en son ombre j'oublie
Mon ombre en route sur les landes...

Puisque le charme a capté l'âme
Si folle jadis d'aventure
Au bois où l'accueille la Dame
De doux sourire et d'aventure.....

*

Le chant gemmal de l'oiseau d'or aux étangs glauques
Fifre un ultime et clair diamant en les roses
Dont brûle tout le bois d'une ardeur qui suffoque.

Et la Dame se plut de rire emmi les roses !

Le jeu gemmal de l'oiseau bleu disperse et flûte
Une suprême opale opaline et pâlie
Où bleuit comme un reflet mort de lune occulte.

Et la Dame en tristesse a cueilli l'ancolie !

Nous chercherons, Dame, les gemmes merveilleuses
Dans l'eau, la roseraie et les herbes fleuries
Où gît éparse la trouvaille merveilleuse.

Le Bois crépusculaire abonde en pierreries !

II

Côte à côte parmi les roses où les pointes
De tes seins ont rougi leur éveil rubescent
Un blanc frisson d'aurore étire nos chairs jointes,
Quel rêve triste ou bon a pourpré là son sang !

Es-tu les routes d'or ou les sentiers immondes ?
La grande Nuit fatale a bercé nos sommeils,
Un songe m'a roulé par des ans et des mondes
A travers l'ombre étrange et la mort des soleils.

Ton amour est profond comme la forêt morne
Malgré ses roses et ton rire et tes oiseaux
Et la traîne de tes robes où la licorne
Écrasait des rubis au bris de ses sabots ;

Tes baisers sont plus doux que les grappes d'automnes
Et mûrs de ton attente éternelle, et tes yeux
Ont vu la renaissance et la mort monotones
Des Phénix, tour à tour, leurs fils et leurs aïeux ;

Tes seins aigus sont nus comme ceux d'une mère,
Leur défaite de soie est toute là, et nu
Ton corps dont j'ai tué peut-être la chimère
Par la robe arrachée au mystère qu'il eut !

III

Le Dormeur du mystère de la Forêt dit à la Dame
Qui dormait nue en ses cheveux, auprès de lui, dit à la Dame :

« Regarde vers l'orée et l'aurore
Par la trouée ouverte en le bois,
Mon rêve rêvera de ta voix ;
Que vois-tu par delà la forêt et l'aurore ?

« Tourne-toi vers l'orée et souris à l'aurore,
A demi soulevée éblouie et divine
Écarte d'un lent geste étrange et vague encore
Les hautes roses dont l'herbe en fleurs te domine.

« L'écho des jours perdus est mort en ma mémoire
Et mon passé natal est vague comme un songe,
Tes cheveux sur mes yeux mi-clos et sans mémoire
Mêlent leur cendre éparse aux tresses de mon songe. »

— « Je vois là-bas des plaines claires vers un fleuve
Où sont des îles d'ombre et des roseaux fleuris,
Un fleuve ralenti de sables et d'iris,
Et la plaine est déclive et meut jusques au fleuve
La houle des blés mûrs versés d'épis prospères
Et prompts à résurgir quand le vent a passé
Sur les fleurs de la rive et la moisson des terres
Avec les vols chanteurs qu'il emporte et disperse.

« Et plus loin par-delà le fleuve prélassé
Dans l'éveil ébloui des prés verts qu'il traverse,
Voici des bois d'aurore où chantent des fontaines...

« Et par-dela les prés et le fleuve et les plaines
Et l'or des vergers roux par d'antiques soleils
Qui mûrirent l'abondance des fruits vermeils,
Et les jardins joyeux de marbres et de roses
Où des enfants cueillent des grappes sur les treilles
Et dansent parmi les pourpris et les abeilles,
Monte un songe de Ville au fond des brumes roses. »

— « Je sais les doux enfants à rire aux beaux jardins
Et leur rire était jadis sur mes lèvres et dans mon âme,
Et ces matins

Ivres de danser parmi les abeilles sont dans mon âme
Qui fut là puérile emmi les beaux jardins,
Et mon heure mordit aux grappes mûres
Par qui rit aux lèvres une pourpre sans blessures.

« Ces choses de jadis dont nous portons la mort
En l'éternelle crypte albe d'une aube blême
De notre âme, partiel tombeau d'elle-même,
Sont tristes et douces, et pourtant regarde encore. »

— « Je vois la Ville et ses trois portes sur la plaine
Et les Palais comme en un rêve et la terrasse
Où l'on s'assemble au soir pour y filer la laine,
Et les places, les carrefours et la fontaine
Où peut boire selon sa soif quiconque passe
Et préfère l'eau vive au vin inébriant ;
Et cette ville est douce ainsi vers l'Orient
Parmi les vergers roux dont il est embaumé.
Hélas ! des seuils furtifs, où sur les portes peintes
Rit quelque obscène masque équivoque et grimé,
Chassant leurs doux Amants qui pleurent leurs étreintes
Au simulacre dont elles sont un mensonge,
Des femmes, dont la lèvre interloque et prolonge

Par le rire fardé de sa mauvaise joie
Où passe le rictus sculpté du masque obscène,
Le remords qu'ils iront laver à la fontaine
Des baisers de hasard que leur âme larmoie,
Sont en l'aube debout sur les marches fatales !

« Et la Ville alentour sommeille et semble morte. »

— « Je sais cette folie étrange et les lèvres pâles
De l'eau froide et lustrale où le fard est resté,
Le mauvais nous-même qui rit en masque à la porte
Et que nous oublions hélas avoir été !

« Par la trouée ouverte en le bois, Sœur, regarde
Vers l'orée et là-bas regarde... »

— « Par les portes ouvertes grandes sur la Plaine
Où ruisselle en midis le soleil et sa joie
Les Chevaliers sortent et marchent vers la plaine,
Et la Ville est en fête de palmes et de soie,
Et la Ville est en fête de cloches et de cris,

« Et la Ville et la Terre et le Ciel sont fleuris !

« Les chevaux harnachés d'argent et d'écarlate,
Blasonnés d'écussons et la pointe au frontail
Et la crinière pendante tressée en natte,
En un cabrement clair de housses et d'émail,
Viennent, tenus en mains par des pages alertes,
Laissant jusqu'en l'herbe traîner leurs manches vertes.

« Des pennons de sinople écartelés d'azur
Affrontent sur leurs champs le Dragon et la Guivre ;
Des baladins heurtent des cymbales de cuivre
Larges comme un soleil au mois du maïs mûr.

« Les Chevaliers sont d'or et graves dans la fête
Exultante de palmes, de cloches et de cris,
Et sur leurs écus clairs se contourne la Bête
Qu'ils vaincront de l'Épée aux beaux combats fleuris
Des fleurs qu'offrent les Princesses et les Captives
En quelque tour de marbre emmi les marais noirs.

« Et l'or de leur armure est déjà l'or des soirs
Cuivrant le prompt retour de leurs quêtes votives :

6.

« Et les Uns vers la Terre où pleure dans la Nuit
L'unanime sanglot de tous les misérables
S'en vont où le destin de leur glaive ne luit.

« Les Autres aux vaisseaux à l'ancre dans les sables
S'embarquent sur la mer et vers les Outremers
Et leurs pennons flottent au vent comme des voiles;

« Ils iront tous ainsi vers de Bonnes Étoiles
Vers l'aventure et l'inconnu des sorts divers.....

« N'étais-tu pas, étant des Sûrs et des Fidèles,
Cimé de la chimère ardente et casqué d'ailes? »

— « Les tours en les marais étaient vides comme des tombes
Et les Princesses mortes depuis des ans et des années!
Les Rouets, les Pleurs, les Colombes
S'étaint tus, s'étaient taris, s'étaient données
A ceux qui passèrent avant nous, à ceux d'alors
Qui vinrent avec des lances et des cors
Dont l'accord se prolonge encor en les Années!

« La fange des étangs où nous nous enlisâmes
A nos armures d'or sécha glauque et livide,
Et nous allions comme vêtus de squames,
Errants hybrides,
Étant nous-mêmes l'hydre
Qu'il aurait fallu vaincre aux étangs de nos âmes.

« Le carrefour et la traverse
Furent ambigus et menteurs,
Les poteaux fourbes et fauteurs
Et la mendiante diverse.

« Les Bêtes des écus nous mordirent dans l'ombre,
Et, dans l'ombre,
Le Dragon et la Guivre à nos pennons de soie
Se lacérèrent des dents et des griffes, un soir,
Et le vol de chimère au casque qu'elle éploie
En ailes s'envola, brusque, dans le vent noir
Qui soufflait par la Nuit effrayante et farouche.

« Un oubli des serments bu dans quelque Léthé
D'immémoire coupable et de fatalité
Rua nos hordes de colères et de proie
Et la Terre saigna du passage farouche.

« Galops éperdus par les chemins
Éclaboussés de sang et de fange,
Galops crinières à pleines mains
Par le soir triste et par l'aube étrange,
Pavé des ponts sonnant dans la nuit,
Portes de Ville au heurt du pommeau,
Chair râlant de blessure et d'amour dans la nuit
Et les éveils de vierges au heurt du pommeau.

« Avoir été celui qui vint
Pour être celui qui délivre,
O honte, avoir aimé le sang et le vin
Et sonné dans le cor comme boit un homme ivre.

« Regarde, ô Sœur, par delà
La Forêt si la Ville est toujours là ? »

— « Là-bas, en le recul profond du crépuscule,
La Ville est violette de brume, décor
De mystère, de silence et de crépuscule,
Évanoui parmi de l'ombre en un peu d'or
Qui s'efface aux dômes de cendre et d'hyacinthe.

« Et la Ville en le soir est grave et presque sainte.

« Très doux et leurs pieds nus sur les chemins déserts,
Très lents et leurs pieds nus aux cailloux meurtriers,
Les pélerins vont deux à deux appariés
Comme les hâleurs noirs le long des fleuves clairs.

« Leur dextre est prompte aux hauts saluts qui font fleurir
Aux cœurs bons le désir de partir avec eux
Vers quelque sépulcre en la marche d'un Ophyr
Et vers le carrefour où siège le Lépreux
Qui tend sa main de plaie à l'étranger qui passe.

« Ils n'ont ni bourdon, ni coquille, ni sandale ;
Ils ignorent le lieu, le pays et la place
Et partent sans levier pour disjoindre la dalle
Et pour guides, hélas ! ni l'Ange ni l'Étoile.

« En la foi seule, ayant pleuré les agonies,
La mort du songe et les tristesses infinies,
Qu'il est beau de marcher ainsi sous les Étoiles ! »

— « J'entends au fond de ma mémoire
Marcher les Pélerins dans la campagne noire.

« N'allions-nous pas le long d'un fleuve, le jour mort
Et toute cloche tue, avec nos rêves des jours d'alors,
Nos rêves vains comme les cloches d'alors
Pour qui le ciel fut sans écho et sans mémoire ;

« Vers un soir nous avons gravi la colline
Et nos pieds nus saignaient parmi les roses du Bois magique
Ah ! savions-nous que la forêt fût magique
Et que la Dame y vécût sur la colline. »

— « La nuit est là, toi qui rêvais à ma parole
L'aurore et les midis et les doux crépuscules
Par qui ton âme fut sage, enivrée, ou folle,
O ton âme de tous mensonges la crédule.

« La nuit est là, comme l'oubli, compacte et sombre,
Et comme le passé la Nuit est là, muette
La plaine vers la Ville est de l'ombre et de l'ombre.

« Je ne vois plus ni pèlerin, ni rouge fête,
Les grands chevaliers d'or sont partis vers la mer,
Les enfants aux jardins ne cueillent plus les roses

Et les hommes ne pleurent plus les tristes choses
Et la ténèbre est là sur l'âme et sur la chair.

« Très loin ! et comme en songe et par delà la vie,
Près des fontaines sanglotant comme des femmes,
Chœur occulte, soupir, labiale survie
De la voix éphémère et des dolentes âmes,
Voici chanter là-bas aux lèvres sans visages,
Dans la nuit, écho défailli d'âmes et d'âges,
De claires flûtes aux trous d'ombre parmi l'ombre.

— « Mon rêve qui fut toi fleurit en tes mains pâles
Qui cueillaient tour à tour la rose et l'ancolie
Du mensonge changeant de leurs leurres d'opales ;

« Le millième fou de l'antique Folie,
Moi le Sage éperdu de l'antique Sagesse,
L'Errant qu'un vœu de dur destin pourchasse et lie,
Moi le Pauvre affamé de toute la largesse !

« Je suis venu vers toi pour une heure éphémère
Où je fus l'hôte de ta magie éternelle,

Toi le Songe, toi l'Opale, toi la Chimère
Vers qui d'autres iront comme j'allai vers elle.

« Et la forêt redeviendra la forêt morne
Sans vestiges pour moi de rires et d'oiseaux ;
En ta robe j'entends piétiner la licorne
Qui brise les rubis au bris de ses sabots.

« L'ombre immense dont ton silence est le mystère,
Reprend ton rire épars en son écho natal ;
Jusqu'à l'heure où viendra quelqu'un qui soit mon frère
Dors en tes grottes d'or, de fleurs et de cristal.

« Et je redescendrai la colline sans roses
Vers la Ville endormie et le fleuve sonore
Et j'irai m'accouder près des fontaines closes
Au mur où les roseaux frissonnent de l'aurore.

« Sur les flûtes si merveilleuses qu'elles semblent
Égrener des opales et des améthystes,
Soupir de voix qui pleure et de lèvres qui tremblent,
Sur les flûtes qui sont un peu des âmes tristes,

« Je chanterai vers l'ombre et les étoiles mortes
Jusqu'à l'aube où bleuit l'opale du lac mort
Ce qu'aux Étoiles de jadis et qui sont mortes
En le magique Bois chanta cet oiseau d'or! »

ÉPILOGUE

I

Au vieux livre à fermoirs de griffes et d'émaux,
Studieux d'être maître en l'ordre des magies,
J'ai dédié mon Ame et toutes énergies
A savoir la vertu diverse des joyaux.

L'émeraude aide les enfantements jumeaux,
Le rubis qui rend chaste éloigne des orgies,
Améthyste, sagesse, œil des bonnes vigies,
Et le diamant vainc le poison et les mots.

*J'ai tué le lapidaire, un soir qu'il taillait
A l'établi la cymophane et le jayet,
Antidote préservateur du sortilège ;*

*Et j'ai volé pour vous ces pierres, ô Jolie !
Et j'ai mis à mon doigt, sachant son privilège,
La chrysolithe qui guérit de la folie.*

II

*Après avoir vaincu les lèvres, sans souci
Du rebelle sourire où le baiser s'élude,
Ni le geste brutal qui, toute, Une dénude
Hors ses cheveux plus longs qui la vêtent aussi,*

*Pour avoir frustré la Chimère de ceci :
Ses gemmes que la grotte éblouissante exsude,
Larmes mortes que pleure et germe le roc rude,
Notre vie est prestigieuse et nous voici :*

Hôtes muets des Terrasses de survivance,
Maîtres du vain trésor pour qui l'âme dépense
Ses midis d'aventure et ses soirs orgueilleux,

— O mémoire mêlée à quelques pierres pâles ! —
A regarder comme un visage et d'anciens yeux
Bleuir la lune vide et les tristes opales.

TEL QU'EN SONGE

(1892)

A JACQUES BLANCHE

EXERGUE

Au carrefour des routes de la forêt, un soir,
Parmi le vent, avec mon ombre, un soir,
Las de la cendre des âtres et des années,
Incertain des heures prédestinées,
Je vins m'asseoir.

Les routes s'en allaient vers les jours
Et j'aurais pu aller avec elles encor,
Et toujours,
Vers des terres, des eaux et des songes, toujours
Jusques au jour
Où, de ses mains magiques et patientes, la Mort
Aurait fermé mes yeux du sceau de sa fleur de paix et d'or.

Route des chênes hauts et de la solitude,
Ta pierre âpre est mauvaise aux lassitudes,
Tes cailloux durs aux pieds lassés,
Et j'y verrais saigner le sang de mon passé,
A chaque pas,
Et tes chênes hautains grondent dans le vent rude
Et je suis las.

Route des bouleaux clairs qui s'effeuillent et tremblent
Pâles comme la honte de tes passants pâles
Qui s'égarent en tes fanges tenaces,
Et vont ensemble,
Et se détournent pour ne pas se voir face à face;
Route de boue et d'eau qui suinte,
Le vent à tes feuilles chuchote sa plainte,
Les grands marais d'argent, de lunes et de givre
Stagnent au crépuscule au bout de tes chemins
Et l'Ennui à qui veut te suivre
Lui prend la main.

Route des frênes doux et des sables légers
Où le vent efface les pas et veut qu'on oublie
Et qu'on s'en aille ainsi qu'il s'en va d'arbre en arbre,
Tes fleurs de miel ont la couleur de l'or des sables,

Ta courbe est telle qu'on voit à peine où l'on dévie;
La ville où tu conduis est bonne aux étrangers
Et mes pas seraient doux sur le seuil de ses portes
S'ils n'étaient pas restés le long d'une autre vie
Où mes Espoirs en pleurs veillent des Ombres mortes.

Je n'irai pas vers vos chênes
Ni le long de vos bouleaux et de vos frênes
Et ni vers vos soleils, vos villes et vos eaux,
O routes!
J'entends venir les pas de mon passé qui saigne,
Les pas que j'ai crus morts, hélas! et qui reviennent,
Et qui semblent me précéder en vos échos,
O routes,
Toi la facile, toi la honteuse, toi la hautaine,
Et j'écoute
Le vent, compagnon de mes courses vaines,
Qui marche et pleure sous les chênes.

O mon âme, le soir est triste sur hier,
O mon âme, le soir est morne sur demain,
O mon âme, le soir est grave sur toi-même!

L'ARRIVÉE

Les fleurs sont mortes, une à une, en le vent rude.
Voici l'ombre et le temps et j'ai touché du pied
La terre du silence et de la solitude.

Les fleurs, graves ainsi qu'un espoir expié,
Périrent devant moi déjà, et voici mortes
Les fleurs, pâles ainsi qu'un visage oublié.

L'ombre lourde a pesé sur mes épaules fortes
Et le temps m'a conduit le long de son chemin
Sans m'arrêter au seuil et sans m'ouvrir les portes,

Ni la porte d'érable ou la porte d'airain,
Ni le calme tombeau, ni la maison heureuse
Qu'annonce le cyprès ou qu'indique le pin.

Ma vie, au fond des soirs, sereine ou douloureuse,
Est dans l'ombre à jamais comme un chemin perdu.
Le passé se récuse aux grottes qu'il se creuse

Dans le flanc de la nuit et du silence dû
A son sommeil que tord toute la lassitude
De son espoir en pleurs près de son orgueil nu.

Et me voici plus seul de mon inquiétude
Parmi le crépuscule où mon pas a foulé
La terre du silence et de la solitude.

Le ciel sur mon destin ne s'est pas étoilé,
Car ce n'est plus le jour, et la nuit pas encore
N'ouvre son ombre vaste où le soir s'est mêlé.

Les flûtes qui chantaient au delà de l'aurore
Se sont tues, lasses de répondre à ta voix,
Lyre dominatrice de la Mer sonore;

Les trompettes de bronze où, toutes à la fois,
Criaient les passions hâtives ou nocturnes,
Joyeuses de partir qui, de mortels exploits,

Déplorent une cendre, au retour, dans les urnes,
Toute cette clameur haute sur un Destin
S'est éteinte à travers les passés taciturnes.

Nulle fleur d'autrefois ne tremble dans ma main,
Et j'ai traversé l'eau du lac de ma mémoire
Sans la Nixe entrevue au cristal incertain.

Ma lèvre ne sait rien du fleuve où j'ai pu boire,
Ni du fruit où mordit ma joie ou ma douleur,
Parmi le verger clair ou sous la treille noire.

Si je tourne la tête, hélas! avec un pleur
Vers ce que de moi l'ombre à se taire suborne,
Le crépuscule seul s'égale à ma pâleur :

Avec leur bouche, tour à tour, ardente ou morne,
Les faces du passé, sourires ou souci,
Ont fui d'un pied divin ou d'un sabot de corne.

Rien ne regarde plus celui qui marche ici
Parmi le crépuscule et l'ombre et le vent rude
Et qui songe, à jamais et seul, que te voici :

Terre de son Silence et de sa Solitude.

★

Aucun signe à jamais sur toi ne se prolonge
De ce que tu semblais et que tu n'étais pas,
Et ton âme soit telle enfin qu'elle se songe;

Sur la cendre ou les fleurs qu'elle marque ses pas,
Que la honte prosterne ou que l'orgueil exalte,
Torches d'or du triomphe ou lampe du trépas!

Gloire! essuie à ses pieds la poudre de la halte,
Mort! essuie à son front l'extase du tombeau,
Qu'il soit d'argile fruste ou bâti de basalte.

O mon âme, imagine enfin, funeste ou beau,
Quelque sort taciturne assoupi dans ton rêve,
Et qu'empourpre la bure, à ton bras, le flambeau!

Surgi de ton sommeil, à son tour, qu'il se lève
Celui qui dort en toi, pour déchirer la nuit,
En sursaut du suaire ou d'un geste de glaive.

Du fond de son sommeil, à son seuil, qu'il ait lui
L'emblème véridique à travers le mensonge
D'avoir été cela de n'être pas que lui.

Fleurs à la chevelure ou serpent qui la ronge,
Que la Tête sourie ou saigne sur l'écu;
Et dresse tel que toi, façonné de ton songe,

L'intérieur Destin que tu n'as pas vécu.

L'ALÉRION

> Et brusquement on sent de l'ombre autour de soi.
> *L'Aigle du Casque*. V. Hugo.
>
> Be that word our sign in parting, bird !
> *The Raven*. E.-A. Poe.

C'est l'aube sur toute la plaine et sur la route...

Il a passé
Silencieux et svelte et triste et cuirassé
D'argent pur et terni comme la lune morte
Qui décline au delà des arbres de la route ;
Sa face était pâle de colère morte ;
Les fers de son cheval luisaient dans l'herbe courte,

Il a passé.

★

Pour le calme tombeau dont l'ombre vers le soir
S'allonge et suit, hélas! celle des cyprès noirs,
Pour y mourir autour de l'urne douloureuse,
Soit pour parer le seuil de la maison heureuse
Quand les pieds nus d'avril courent par les vergers,
Pour y fleurir au col des amphores de grès,
A travers les prés doux où vont les blancs chemins,
Silencieuses et les mains jointes aux mains,
Les filles du vieux seigneur,
Sous leurs longs cheveux tressés de filles chastes,
En leurs corbeilles cueillent des fleurs.

Elles ont vu passer l'Adolescent hautain,
Grave comme le soir en ce jeune matin,
Et son manteau de songes et d'indifférence
Tombait à plis si purs du haut de son silence
Qu'elles l'ont regardé passer parmi les fleurs
Où la rosée autour de lui semblait des pleurs,
Et, comme il s'en allait sans retourner la tête,
Toutes, d'un long regard, suivirent, inquiètes,
Longtemps, le silencieux passant disparu

Qui portait, au cimier, l'aspect morne et bourru
D'un grave oiseau songeur en ses ailes fermées.

★

A la fontaine,
Sous les hauts arbres en ramées,
A la fontaine, parmi les roseaux,
Dans les calmes et claires eaux
Fraîches encore des récentes étoiles,
Les filles du vieux fermier de la plaine,
A la fontaine,
Lavent des pièces de toiles,
Près de l'aïeule filant un fuseau de laine,

Et les grands linges purs sèchent déjà sur l'herbe.

Près d'elles il passa dans le soleil levé,
Et le cheval au gué ne s'est pas abreuvé
Dans l'eau limpide, et le cavalier n'a pas bu,
Hautain toujours, et sa tristesse n'a pas vu,
Plus clair que le ruisseau ne rit de l'eau qui jase,
Quel rire interrompait la morgue de sa face,

Ni que le morne Oiseau à son cimier debout,
Qui, dans l'air tiède, et comme éveillé tout à coup,
Ouvrant ses yeux où l'or cerclait une émeraude,
Tressaillant du soleil parmi sa plume chaude,
Lentement, d'un frisson, à ses pattes roidies,
Etirait sur l'acier ses griffes dégourdies.

★

De la plaine et de la fontaine, vers la lande
Où les filles du vieux pâtre du terroir
Paissent les agneaux blancs et noirs
En regardant le soleil descendre
Derrière les arbres de la forêt,
Il s'en vient vers la forêt
Dont l'ombre qui grandit ronge l'or de la lande,

Il apparaît!

Et dès qu'il eut atteint l'approche des lisières,
Un vent triste passa sur toute la bruyère,
Et, dans ce vent du soir et de la solitude,
L'Oiseau lourd qui siégeait en sa morne attitude

De songe, de sommeil, de science et d'ennui,
S'érigea et, haussé farouche sur l'appui
De ses griffes qui rayaient la coiffe de fer
Du casque, il se dressa d'un cri et bec ouvert,
En toute l'envergure vaste de ses plumes,
Sur le doux artisan des tâches taciturnes
Qui, svelte, indifférent, silencieux et beau
Et souriant à la révolte de l'Oiseau,
Présage d'un Destin dont était su l'arrêt
Par les arbres déjà de toute la forêt,
Tirant la pure épée à garde de cristal
Et brochant des talons les flancs de son cheval,
Hautain sous son armure et ferme sous l'écu,
Harcelé de l'étrange cimier, disparut
Parmi l'ombre des pins, des ifs et des yeuses
Dans un grand battement des ailes furieuses.

II

O Frère taciturne en songe dans mon âme,
Pourquoi as-tu vêtu mon destin et mes armes
Où ton ombre à jamais est debout sur mes soirs ?

Toi, beau de toute la Tristesse, avec l'Espoir !
En ton armure claire et par ta face pâle
Et qui, de ton doigt pur qu'alourdit une opale,
A ta lèvre où tout sourire s'est accompli,
Fais le signe hautain du silence à l'oubli !

Moi seul, hélas ! je sais tes jours pourtant encor,
Survivant à ta vie et né de par ta mort,
Je sais ce qu'a vaincu ton glaive et quel prestige
Dissipa la vertu de ton sang dont se fige
Une pourpre oubliée avec le long secret
De ce qui t'arriva dans la haute forêt.

Je sais tes jours et la douceur de tes yeux clairs
Dans les jardins d'enfance au bord de l'eau des Mers,
Je sais tes jours parmi les fleurs et sur le seuil
De la vieille maison grave à ton jeune orgueil
D'où descendit ton âme en fête vers la joie.
Frère ! et quels clairons d'or ont sonné dans ta voie
Si haut et d'un tel train de guerres et de gloires
Que les soleils semblaient arrêter les nuits noires !

Je sais tes jours, je sais le jour et celui-là
Où l'Épée à tes mains, alors, étincela

Déjà lourde à demi de l'avoir trop songée
Et torse du Destin dont tu l'avais forgée,
Et dont l'éclair, hélas ! effaroucha l'Oiseau
Apprivoisé à ton poing d'où, fidèle et beau
De plumes de toutes les couleurs de tes rêves,
Il becquetait en paix la rose de tes lèvres
Et qui, solide et stable et lourd comme à jamais
Et pour toujours et sur tes songes, désormais
Dominateur de par ses griffes qu'il rétracte,
Ferma ses ailes d'ombre au sommet de ton casque !

Je sais quel astre vil alluma tes yeux clairs
Lorsque ta haute nef saigna sur l'eau des Mers
De la Tête mystérieuse de sa proue
Et l'aurore tragique où s'empourpra ta joue
Et tout ce qui tenta tes lèvres et tes mains
Et tout ce qui pleura le long de tes chemins
Et tout ce qui maudit l'ordure de ta trace
Et la colère et l'arrogance de ta face
A la lueur des torches hautes sur tes pas.

Vent des glaives, oh ! sur sa face tu passas !
Vent des soirs, ton conseil lui parla à l'oreille,
Vent de l'aube qui chuchote qu'on se réveille,

Il n'a donc pas compris vos paroles, ô vents
Du vaste ciel et de la Mer, que si souvent
Je l'ai vu, quand tombait le soir ou dans l'aurore,
Debout et ses deux mains toutes rouges encore
Jointes sur le pommeau du glaive.

       O taciturne,
Nul sursaut n'émouvra donc le bloc de tes plumes,
Emblématique Oiseau qui songes et demeures,
A travers les destins, les hasards et les heures,
Proéminent témoin là immobilisé,
Obstinant ta prestance où le vent s'est brisé
Sans arracher du socle autour duquel il s'use
Ta griffe indifférente et tes ailes percluses !

O Tristesse ! tes soirs sont venus sur cette âme,
Tes lunes, ô Silence, ont neigé sur ces armes ;
Le fracas de la gloire absurde s'est éteint,
Tristesse, et le voici las, encor que hautain,
Car la douleur se porte un peu comme l'orgueil,
Lui qui vécut parmi le tumulte, il est seul,
Lui qui fut vain jusqu'à la jactance, il est grave,
Et lui qui fut dès toujours pâle, il est plus pâle.

Car la vaste forêt s'est ouverte à ses pas...

Les chênes hauts ont vu la lutte et le trépas.
Et leur silence seul a su le sort étrange
De l'Adolescent mort en son armure blanche,
Parmi les fleurs où son sang clair s'épand en flaque
Funéraire et qui s'agrandit autour du casque
Où radieux, battant des ailes, aspergeant
De ses gouttes les fleurs et l'armure d'argent
Dont les roses baisaient le métal empourpré,
S'éployait, victorieux et transfiguré
D'informe qu'il était d'ombre et de songeries,
Un grand Oiseau d'azur, d'or et de pierreries!

III

C'est le soir sur la plaine enfin et sur la route...

La dent des agneaux doux a tondu l'herbe courte,
Les filles répètent, à mi-voix, l'appel des pâtres,
Les agneaux blancs et noirs se hâtent
Et piétinent sur la route,
Car l'ombre déborde de la forêt.

★

A la fontaine où l'eau goutte à goutte pleurait
Avant l'aube et que vinssent les filles de la plaine,
A l'heure où pâlissent les étoiles,
A la fontaine,
Y laver leurs pièces de toiles,
L'eau claire encore auprès des arbres,
L'eau tranquille parmi les roseaux sur le sable
Repleure ce qu'elle pleurait
Avant l'aube.

Les grands linges épars ont séché sur les saules
Et le vent les agite au crépuscule.

★

Le soir a fermé les campanules.
Voici déjà mortes les hémérocales
Et les lis d'eau déjà fléchissent sur leurs tiges;
Les roses sont un sang qui se fige
Et s'égoutte, pétale par pétale;

Et les filles du vieux seigneur s'affligent,
Toutes assises
Au talus de la route avec leurs fleurs fanées,
Tristes emblèmes
Où se songeaient leurs Destinées.
Et celui qui passa sous l'armure hautaine
N'est pas revenu de la forêt
Qui crispe au ciel, là-bas, les cimes de ses chênes.

★

Ni les filles, là-bas, qui mènent les agneaux,
Ni celles qui lavaient le linge au fil de l'eau
N'ont vu, de la forêt massive sur le soir,
Grave comme la Mort et beau comme l'Espoir,
Monter, mystérieux et brusque en le ciel vaste,
L'éblouissant Oiseau qui s'envola du casque
Et sur la plaine, au crépuscule rose et mauve,
Promena la lenteur de son vol grandiose ;
Ni les douces Enfants qui rêvaient côte à côte,
Assises l'une auprès de l'autre en l'herbe haute,
Ne l'auraient aperçu s'il n'avait, en passant,
Sur elles, secoué ses ailes d'où le sang

Dégouttait sa rosée au bout des longues pennes,
Pour lever les yeux de leurs faces incertaines,
Et leurs mains qui tenaient de pâles fleurs, vers lui,

Oiseau de songe et d'or éperdu vers la Nuit!

QUELQU'UN SONGE D'AUBE ET D'OMBRE

« J'ai cru voir
Ma Tristesse debout sous les saules,
J'ai cru la voir — dit-elle tout bas —
Debout auprès du doux ruisseau de mes pensées,
Les mêmes qu'elles tout un soir
Qu'au cours de l'eau passaient surnageantes des roses,
Epaves du bouquet des heures blessées.
Le temps passait avec les eaux passées ;
Elle pensait avec mes pensées
Si longtemps que le bois de bleuâtre fut mauve,
Puis plus sombre et noir. »

J'ai cru voir ma Tristesse — dit-il — et je l'ai vue
— Dit-il plus bas —
Elle était nue,
Assise dans la grotte la plus silencieuse
De mes plus intérieures pensées ;
Elle y était le songe morne des eaux glacées,
L'anxiété des stalactites anxieuses,
Le poids des rocs lourds comme le temps,
La douleur des porphyres rouges comme le sang ;
Elle y était silencieuse,
Assise au fond de mon silence
Et nue ainsi que s'apparaît ce qui se pense.

I

La Nuit pénible a veillé jusqu'à l'aube,
Et le silence est venu vers moi
Reposer son angoisse aux plis de ma robe
Douce de soie en fleurs et fraîche d'émeraudes
Aux feuillages tissés autour du cœur des roses...
Le silence a pleuré de voir auprès de moi
La face de la Nuit pâle et morte dans l'aube.

Dans la salle où la Nuit est morte
Le vent tiède entr'ouvre la porte...

Celui-là qui s'arrête sur le seuil et sourit,
Celui-là, c'est l'Oubli ;
Il jette, une à une, ses fleurs déjà fanées
Prises au jardin des Années
Et ses fruits mûris aux arbres des Jours,
Près de la fontaine des Heures ;
Cet autre qui s'arrête au seuil et qui pleure
Avec son ombre avant lui sur les dalles,
C'est l'Amour ;
Et celui-là si svelte et pâle,
Avec ses ailes inégales,
Qui près de la nuit morte avec moi vint s'asseoir,
C'est l'Espoir.

Dans la salle où la nuit est morte
L'Espoir est entré par la porte...

Il m'a pris la main et dans ma robe
Douce de soie éclose et fraîche d'émeraudes
Je me levai et nous sortîmes vers cette aube

Parmi les jeunes fleurs qui naissaient à nos pas
Sous le vent taciturne et tiède et déjà las.

II

Au bruit de mon bâton heurtant de marche en marche,
Celle d'argent, celle de bronze et celle d'or,
Les paons levés rouaient pour saluer ma face,
Moi l'aveugle à tâtons par le jardin qui dort.

Tout jardin a dormi sous mes pas, toute mer
A dormi du sommeil de mes deux yeux sans vue,
Nulle part n'est l'automne ailleurs que dans ma chair ;
Et, que le soir pieux voilât l'aurore nue,

Que l'aurore debout toute en sa nudité
Redéchirât la nuit avec ses mains naïves,
Moi j'allais dans mon rêve et dans ma cécité
Sans qu'à mes pieds jamais ma sœur se fut assise.

O Sœur, j'entends ta voix enfin dans du soleil,
Tout mon songe est lumière au-delà de moi-même

Et tu ne serais pas si n'était pas vermeil
Le jardin où ton rire atteste des fontaines;

Je verrai par tes yeux les paons et ce qui dort
En l'éternel passé de mes paupières closes
Et la Joie à jamais fleurir aux vasques d'or
D'où débordent autour et d'où montent des roses.

III

Une rose sourit si pâle qu'elle expire
Au-dessus du sang de marbre du porphyre,
Et se montre plus pâle encor
Dans l'eau endormie où se mire
L'exsangue douceur que devient son sourire
Taciturne de fleur qui dort
Dans l'eau que rougit le porphyre,
Autour d'un Triton nu que le soleil fait d'or
Et dont la conque est torse au souffle de son rire.

Le soir rôde, d'arbres en arbres, à pas d'ombre,
Des bruits se croisent qui s'envolent et qui tombent,

C'est la première feuille et le dernier oiseau;
La rose s'efflore dans l'eau,
Le Triton d'or qui se renfrogne en bloc de bronze
Devient une ombre
Et son rire s'embouche en silence à sa conque,
La rose s'efflore dans l'eau,
Où elle diminue à ce qui d'elle y tombe;
Le soir rôde, d'arbres en arbres, à pas d'ombre...

Une rose se souriait dans l'eau.

IV

L'aube fut si pâle hier
Sur les doux prés et sur les prêles,
Qu'au matin clair
Un enfant vint parmi les herbes,
Penchant sur elles
Ses mains pures qui y cueillaient des asphodèles.

Midi fut lourd d'orage et morne de soleil
Au jardin mort de gloire en son sommeil

Léthargique de fleurs et d'arbres,
L'eau était dure à l'œil comme du marbre,
Le marbre tiède et clair comme de l'eau,
Et l'enfant qui vint était beau,
Vêtu de pourpre et lauré d'or,
Et longtemps on voyait de tige en tige encor,
Une à une, saigner les pivoines leur sang
De pétales au passage du bel Enfant.

L'Enfant qui vint ce soir était nu ;
Il cueillait des roses dans l'ombre,
Il sanglotait d'être venu,
Il reculait devant son ombre,
C'est en lui nu
Que mon Destin s'est reconnu.

V

La Tristesse qui passe
Chante en sa flûte d'or derrière mes cyprès
Et, à la voir entre les arbres, on dirait

Qu'elle est bien lasse,
Tant de l'un à l'autre elle apparaît
Et le dépasse
Plus lente et chante à voix plus basse.

La douce Joie a passé
En chantant, un matin, sur sa flûte d'ébène
Derrière les plus hautes roses de ma fontaine ;
Mais le vent riait sur ses pas effacés
Au sable fin et la fontaine
A ri de même
De toute son eau vive à cette chanson vaine,
Et l'écho ne sait plus que la joie a passé.

Mais Amour vint s'asseoir
Sous les lauriers, un soir,
Avec sa lyre d'écaille et sa viole,
Et les cyprès se fleurirent de roses,
La guirlande étouffa la fontaine frivole...

Et l'Amour chante encore, ô mon âme, ce soir.

VI

Le temps a surpassé les heures et les roses.
Certes, le fleuve est doux qui coule vers la Mer
Et la porte est ouverte encor qui sera close
Et ce qui sera cendre est encor de la chair ;

Le fruit avec l'automne aux vergers roux étale
A la branche qu'il tend vers ma satiété
L'intact instant qui fait sa pulpe triomphale
Entre sa succulence et sa caducité ;

La lame de l'épée est au fourreau, ma vie !
Et l'or de la poignée est tiède sous ta main
Confiante au sommeil où l'arme est engourdie...
L'Occident peut-être est la face de demain,

Regarde comme il saigne et comme il agonise !
Le Destin t'a souri, hier, quand tu pleurais,
Prends garde que plus tard il ne pleure à te suivre,
Le fleuve avec tes jours entre dans la Forêt.

VII

Tes sandales de paix, tes pas,
Ton sourire de paix, tes pas,
Ni l'heure n'arriveront pas.

Hier est si loin que l'Espoir
Qui s'en va vers demain, l'Espoir
Ne s'est pas arrêté ce soir.

Pourtant ma porte est sur la route;
On passe en chantant sur la route
Et ma vie est à chacun toute;

Chacun se hâte vers son soir;
Ceux-là marchent devant l'Espoir,
Ceux-là suivent de près l'Espoir,

Ses sandales de paix, ses pas,
Son sourire de paix, ses pas!

★

Le vent est mort avec le soir
En étoiles, une à une, sur la forêt;
Le vent est mort autour de la maison
Où il errait
Du houx en cône au cyprès noir,
Où il pleurait
Dans les grands houx de bronze autour de la Maison.

Elle est sur la terre de mes douleurs,
Elle est dans la forêt de mes songes,
Près de la fontaine de mes pleurs;
Elle est dans le jardin de mes colombes,
Elle est sur la colline de mon espoir;
Elle est en face de mes soirs
Avec son ombre.

Elle est dans le vent d'ouest et regarde le nord;
Nul ne vient vers son seuil et ne sort par sa porte
Pour se pencher au puits y puiser à seaux d'or
Parmi l'eau à jamais croupie aux feuilles mortes;
Les vitres ont blêmi à regarder le nord;

*Elle est dans le vent d'ouest et selon l'heure encor
Croulent ses murs en cendre ou flambe son toit d'or.*

*Orgueil : midi sur la forêt et sur la mer
Avec l'âme qui s'exalte dans la chair.
Détresse : couchants qui saignent
De faces où l'on voit la sienne.
Tristesse : crépuscules accroupis et cicatrisés
Aux ciels où le jour et la nuit se sont croisés.
Espoir : avec l'aurore survenue
Qui succombe parce qu'elle est nue :
Mon Songe, mon Destin, l'Année et la Saison.
J'ai tout vu des fenêtres de la Maison.*

*Car Elle est dans le pays de mon âme,
Entre les houx et les cyprès,
A mi-côte de la colline,
A la hauteur de la forêt,
Au-dessus de mes songes qu'elle domine.
Et je regarde en l'eau, hélas!
Du puits profond qui dort
Dans ces jardins aux houx de jaspe
Croupir mon passé noir où je puise à seaux d'or.*

LE SEUIL

> Penché vers ce que l'eau reflétait de
> moi-même et que je ne connaissais pas.
> ANDRÉ GIDE.

Rien ne souriait dans la maison natale,
Grave de vieux silences accumulés,
Et jamais on n'ouvrait la porte, car les clefs
On les avait perdues,
Un soir que toutes les choses s'étaient tues ;
Les pas y glissaient dans les couloirs dallés
Si tristement qu'on eût dit des pas
Qui s'en allaient mourir tout bas
Derrière les portes des autres salles.

Les visages étaient comme voilés

De ceux qui passaient par les couloirs
Et s'asseyaient dans la chambre ;
Les yeux semblaient ne pas voir
Et les oreilles étaient si lentes pour entendre
Et les voix si longues à répondre
Qu'on oubliait d'avoir parlé
Et qu'on ne savait plus répondre
Et que les pierres des bagues luisaient aux mains dans l'ombre.

Il y avait aux murs d'ébène et de soie,
En des cadres d'écaille et d'or, des faces anciennes
De femmes lasses et d'hommes sans joie,
Et la fleur ou l'épée aux mains patriciennes
Y survivaient encor -- les mêmes — à jamais,
Dans un geste hautain ou gracieux — le même !
Et tous semblaient mal morts en leurs portraits,
Taciturnes d'avoir vécu et de survivre ;
Celui-là avait fermé le Livre,
Morose en sa simarre grave à pans d'hermine ;
Un autre était debout en cuirasse d'argent
Qui se bombait sur sa poitrine,
Et les Dames en robe d'argent,
Moire ondée ou satin changeant,
Doyennes, châtelaines ou ménines,

Etaient toutes là comme jadis,
Et, pâles ou lasses, ou graves et roidis,
Eux en leur force, elles en leur grâce,
Tous, ils étaient le passé de ce qui passe :
Et elles, quand j'y songe,
Peut-être un peu la raison d'être de mes songes,
Comme eux, ceux-là ! durs de visage,
L'un dans l'armure et l'autre en sa longue simarre,
Epris de fait brutal ou de science exacte,
Eussent été la raison d'être de mes actes.

Mes songes étaient doux dans la maison natale,
Car on voyait la Mer des fenêtres du nord,
Et, par celles de l'autre façade,
La forêt naître verte et se mourir en or,
L'automne, avec toutes ses feuilles, une à une,
Le vent triste filtrait le sable des dunes
Insensiblement sous les portes ;
Il tournoyait des feuilles mortes
Autour des ifs et des cyprès noirs ;
Elles retombaient une à une
Et l'on allait de soir en soir
Ainsi jusques où va l'année
A la rencontre de la destinée.

La Destinée !
Elle avait été rude ou vaine ou folle,
Avec du sang ou des larmes sur sa face,
Bavarde, tour à tour, ou sans paroles ;
Pour ceux qui l'avaient vue ainsi, face à face,
Bouche de fer, parlant à travers l'or du masque,
Si grave qu'ils avaient pleuré,
Si fausse qu'ils avaient espéré ;
Elle avait été dure à leur vie
Tellement qu'ils avaient souri leur mort,
Eux les anciens vivants qui dans leurs cadres d'or
Haussent la fleur encor de leur mélancolie
Ou tiennent, ayant bien vécu, fiers de survivre,
Stoïques ou hautains comme ils vivraient encor,
L'emblème de l'Epée ou l'enseigne du Livre.

Mais ceux-là qui vinrent après,
Aux heures tardives de la race,
Dans la vie amortie et dans la maison lasse
— Les feuilles mortes tournent autour des cyprès...
La dune grandit de toute la Mer basse —
Ceux-là dont je suis né le fils, le seul, qui suis
L'hoir d'hier et le maître d'aujourd'hui,
Ceux-là les taciturnes et les doux, ceux-là,

Mornes en leurs songes et pâles en leur chair,
N'ont pas vu le fantôme entrer et s'asseoir là,
Masque d'or qui glapit par sa bouche de fer,
Et nulle face en pleurs n'a troublé leurs soirs calmes
Dans la triste maison où fut toute leur âme.
Ils ont vécu toute leur Vie comme d'avance ;
Leurs jours furent leurs jours chaque jour ;
Ils furent l'écho de leur silence,
Leurs hiers durèrent toujours ;
Les grandes dalles, noires et blanches,
Des couloirs vides et des chambres
Semblaient tumulaires comme d'avance,
Tant ils avaient vécu toute leur vie en un seul jour,
Toujours recommencé pour n'être que le même.

Les rideaux semblaient morts le long des fenêtres ;
Les flambeaux brûlaient tout un soir,
Immobiles dans les miroirs,
Les flambeaux s'usaient jusques au bout des cires
En longues larmes patientes,
Et le silence à l'ombre n'ayant rien à dire,
Le Temps avait fermé ses ailes défaillantes.

Le Temps !

Les hautes clepsydres minutieuses
Le comptaient goutte à goutte à leurs eaux taciturnes,
Elles alternaient, une à une,
Mélancoliques et pluvieuses,
Pleurant dolentes, une à une,
Goutte à goutte, l'Heure et l'Année,
Heure à heure, la Destinée.

Un sablier poudroyait l'heure,
— La clepsydre pleure mais lui il est ce qu'elle pleure
Étant plein de sable gris comme une cendre —
On le retournait d'heure en heure ;
On y voyait le Temps descendre
Selon que s'accroissait le sable entassé
De tout le sable déjà passé
Sans bruit comme passait la vie ;
On y voyait le présent devenir le passé,
Et quand sa charge était finie
Une heure avait recommencé.

J'ai vu, des ans, sa fuite et son activité
Jusqu'au jour où sont morts, calmes et côte à côte,
Ceux-là dont l'heure fut l'heure d'avoir été
Et dont l'un s'endormit pour n'éveiller pas l'autre.

O soucieuse Nuit devant ces deux visages,
Clos de toute l'éternité déjà en eux,
Et les rames d'airain de l'antique voyage
Semblent crisper les doigts des morts aventureux.

Leurs mains sur le drap blanc roidissent la sculpture
De la chair qui devient son marbre par la Mort,
Et les rideaux de pourpre affalent leur voilure
Sur la barque du lit que traîne un Cygne d'or.

Le pavé stygien miroite comme un fleuve
En ondulant son eau de dalle blanche et noire,
Et l'un et l'autre que l'instant fit veuf et veuve
Descendent lentement le cours de ma mémoire.

O soucieuse paix devant les deux visages
De ces Vivants d'hier qu'aujourd'hui fit aïeux,
Et qui tels à leur tour à travers leurs images
Revivront en portraits aux murs sentencieux.

Dans les cadres d'écaille et d'or au mur d'ébène
Par où tout le passé regarde le passant,
Ils verront le débat de mon Destin en peine
Compter l'eau qui s'épuise au sable qui descend.

Le sablier est vide et la clepsydre est morte...
La Vie opiniâtre est là qui rit dehors ;
Sur quelle aurore enfin ouvrirai-je ma porte,
Passé d'ombre, vas-tu tourner sur des gonds d'or ?

O passé d'ombre d'où je sors la face nue,
Quel vent tendre ou mauvais va souffler de la Mer
Sur mon songe qui sent que son heure est venue
De souffrir en son âme ou de rire en sa chair ?

Les grands sables levés de leurs grèves moroses
N'aveugleront-ils pas mes espoirs et mes yeux,
Ou la forêt heureuse avec l'odeur des roses
Chantera-t-elle au bruit de mes pas soucieux ?...

... Je suis sorti... c'était l'aurore
Avec tout le ciel et toute la Mer,
Toute la Mer rose et le ciel clair
Et tout le ciel clair sur toute la forêt.
Et je vivais encore
Pour voir le ciel, la mer, la forêt et l'aurore,
Et je vivrais,
Des jours enfin, des jours encore,
Non plus dans la maison close sur le silence,

Avec les flambeaux nus et mon ombre à mes pieds,
Immobile parmi toute la somnolence
De l'heure monotone assise au vieux palier,
Non plus dans la maison avec mes deux mains jointes
Sur quelque Épée oisive en songe et qui s'épointe
Au pavé qu'elle raie et qui l'use à sa pierre,
Ou le doigt sur, massif, le Livre! en sa poussière,
Non plus dans la maison avec la solitude
Et non plus en moi-même avec moi pour miroir,
Solitaire à jamais d'être ma solitude
Et d'être, tour à tour, mon aurore et mon soir.

Et j'errais le long de la Mer en ces pensées
Et je pleurais ne sachant plus sourire,
Car mes heures s'étaient passées,
Alors qu'on apprend à sourire,
Dans la maison aux murs de soie et d'ébène
Dont l'âme avait vaincu la mienne,
Et j'errais le long de la Mer en ces pensées
Et je m'asseyais sur le sable et, par poignées,
Je le laissais couler de mes doigts entr'ouverts,
Et je pensais mes Destinées.

Je les voulais, hautes et graves, emphatiques

En un clair drapement de gloire et taciturnes
Avec des orgueils sur les lèvres, les unes!
Et magnifiques,
Avec des torses nus à la proue
Parmi les fleurs des mers en écumes,
Avec des torches en leurs mains spoliatrices,
Ou graves et dures
Et lentes, avec des palmes sous des portiques
Où des enfants jettent des pierres aux armures
Qui se bossèlent et retentissent,
Et hiératiques sur des sièges de marbre
Où leur front se repose à leur geste immuable.
Et je disais :

                Clepsydres lentes, clepsydres !
Urnes où boit le temps de ses lèvres avides,
O vous qui humectiez les lèvres de la mort,
Goutte à goutte, et pour que l'heure vécût encor
Et qui dans la maison enfin êtes taries,
Je vous ferai stiller votre onde en pierreries,
O vous qui suppuriez des eaux malencontreuses,
Je vous abreuverai à des sources heureuses
Dont vous égoutterez le cristal en matin
Qui sonnera la joie au fond de mon Destin.

Et je disais :

Sabliers, sabliers mornes !
Cinéraires d'ensevelir les heures mortes,
Qui faites ce qui fut d'avec ce qui sera
Et qui marquez au temps la poudre de ses pas ;
Vous qui filtrez avec la matière du songe
Les heures dont s'effondre en cendre le mensonge,
Vous qui comptiez la vie au silence et l'ennui
Du jour au crépuscule et du soir à la nuit,
J'emplirai vos instants de gloires et de joie
Pour que l'égrènement radieux en poudroie,
Emblème véridique à soi-même d'accord,
Des poussières de pourpre avec des sables d'or !

Et lentement j'imaginais mes Destinées ;
Elles serraient des glaives à la poignée,
Elles marchaient le long de la Mer,
Elles marchaient dans le soleil,
Puis elles s'assirent le long de la Mer,
Elles saignèrent dans le soleil
De leurs pourpres traînant sur le sable amer
L'emblème douloureux que saignerait leur chair.

Passantes, je leur imaginais des heures hautaines,
A elles qui marchaient sur le sable tout d'or

De la belle grève en arène,
Des heures, hélas! peut-être vaines
Comme toutes heures et plus encor,
Mais telles que le Temps et la Mémoire
S'en parleraient, face à face, dans l'ombre
Où le Passé avec son ombre
Devant lui sur la dalle blanche et noire
Compte les ans, nombre par nombre.

Et du beau sable d'or intact comme la gloire
J'égrenais en mes mains les heures, si bien
Que je creusai dans la grève
Un trou où la claire eau marine et souterraine
Apparut et mouilla ma main,
De telle sorte que comme en rêve
Je me penchai sur l'eau et qu'à travers moi-même
J'y vis, face à face, mon rêve :
O face en sang où je m'apparus au miroir
De cette eau-là parmi le sable!
Narcisse arrogant et misérable,
Puisse le soir
Emplir le trou fatal de toute sa ténèbre!
Ah qu'il s'éloigne de mes lèvres
Ce frère ensanglanté dont la bouche meurtrie

A fait saigner ma bouche à son baiser en songe,
Ce frère intérieur accroupi dans ma vie,
Qu'il se taise à mes jours du désir de mes songes !

O morne frère que sa gloire stigmatise,
Qu'il meure en moi et moi en lui,
Que son image en ma face se cicatrise,
Car j'ai saigné sa face en me voyant en lui,
Et soit maudite l'heure où du sable empourpré
Par le soleil couchant qui saignait sur la mer,
Le Destin ainsi s'est montré
Misérable en l'aspect de sa gloire de chair.

Puis la nuit vint, étoile par étoile, avec la lune...
Et j'étais encore couché sur la dune
Et je filtrais entre mes doigts
Le doux sable gelé d'argent,
Et l'eau sourdit comme l'autre fois
Emplir le trou qu'avaient creusé mes mains
Tandis que mon âme était distraite, se songeant
Aux faces, hélas, de son Destin :

Faudra-t-il que je sois celui-là, mon âme,
Qui semble mort et n'est pas calme,

Qui me regarde ainsi du fond de moi-même
Au miroir de l'eau pâle où sa face est blême,
Qui me regarde avec ses yeux savants
De par delà la vie et d'au delà des songes ?
Faudra-t-il être celui-là parmi les vivants,
Ce morne frère en qui je me songe,
Qui semble un frère mort de celui qui saignait
Tout à l'heure et qui m'enseignait
Que la gloire est mauvaise à qui porta l'épée,
Faudra-t-il être celui-là disant que vivre,
Ainsi qu'il vécut, par le Livre
Est vain et que toute science est dupée...

... Voici l'aube et ce sera l'aurore encore,
La grève est grise comme une cendre,
L'aurore poind et toute la mer va descendre.

Et je disais :
        Sabliers, sabliers mornes !
Mon Destin incinérera ses heures mortes,
Elles verront mourir le temps qui n'est pas né,
Elles s'accumuleront au sable égrené
Sans cesse et tout par votre fuite infatigable

Qui filtre nuit et jour le passé qu'elle ensable
Et dont elle refait ce qui ne sera pas.

Et je disais :
    Clepsydres ! je n'emplirai pas
Vos urnes d'eaux numératrices, et, taries,
Vous vous tairez parmi les vieilles draperies
De l'antique maison où j'userai mes jours,
Et monotones à jamais et pour toujours
Sans le Destin, hélas ! de gloire ou de science,
Dont j'ai vu par ma face en l'eau l'expérience
Que le sang qu'il faudrait ne vaudrait pas qu'il soit
Et qu'il vaut mieux laisser mourir son songe en soi,
Et qu'il vaut mieux vieillir dans la maison et, vers
Quelque soir, y mourir, parmi les flambeaux clairs,
Que tiennent face à face, en la même attitude,
Tout le silence avec toute la solitude,
Sur le vieux lit où les mains pures sont de marbre
Et prêtes pour la rame en paix du noir voyage,
Quand le vent soufflera de la mer et du soir
Et que, sur le pavé stygien, blanc et noir,
Abdicateur de par l'envol de son essor,
Délaissera son ombre, enfin, le Cygne d'or.

QUELQU'UN SONGE DE SOIR ET D'ESPOIR

> La tristesse t'a fait signe chaque soir.
> Francis Vielé-Griffin.

Mon Ame s'est songée au miroir
Que ta main haussait en face des calmes soirs ;
Et nous allions, ô Vigilante,
Le long des grèves de la Mer,
Et nous allions ensemble
Dans le vent amer,
Moi plus rapide et toi plus lente ;
A cause de ta robe d'ombre et de cendre
Et de ta chevelure lourde d'ors pâles,
Parmi les dunes où l'eau mirait tes opales
Pareilles à des peines vigilantes,
Anciennes et presque mortes — loin de l'Espoir!

*Et les soirs
Apaisés ou tragiques ou calmes
Se reflétaient, avec mon âme,
En ton miroir
Mystérieux, pacifique et profond et calme.*

*J'ai songé mon Destin assis à tes pieds nus,
Parmi les palmes du jardin près de la Mer;
L'Ennemi m'a vêtu d'or, de soie et de fer,
Et les doux sorts ne sont pas venus.*

*J'ai songé mon Destin mourant devant ta gloire,
Cuirassé d'un orgueil gemmé de sang jailli,
Et mes aurores ont vu le soir vieilli
Avant que l'ample pli
Du pennon ait flotté le long de la hampe noire
Au-dessus du vent de l'oubli.*

*O Vigilante en qui survit ce qui n'a pas été,
O toi dont la mémoire est fidèle à ce qui fut tenté,
O toi dont le miroir mire ce qui ne s'y est pas reflété,
Toi, douce aux mains vides,
Aux pauvres mains sanglantes et mal guéries,
Indulgente aux vêtements sordides,*

En l'indifférence de tes pierreries,
Vois, la Mer est si triste et le Soir est si beau
Que je veux que ta main me conduise vers l'ombre
Parmi le vaste vent sorti de la Mer sombre.
A la cendre des jours encor chaude au tombeau
J'allumerai l'éclair ravivé du flambeau
Que doublera ton miroir.
Et, pâles de Songe et d'Espoir,
Nous entrerons joyeux par les Portes du soir!

I

C'est l'Espoir!...

Comme des ailes faibles dans le crépuscule
Si loin que c'est le vent peut-être ou le frisson
De ta pâleur sur ta face, ô taciturne,
Devant quelque ombre en les cyprès du bois nocturne,
Parmi les asphodèles graves du gazon,
Ou des pas que le vent simule aux campanules
Des bleus treillis du vieux jardin de ta raison
Où ton âme se connaît moins au crépuscule.

C'est l'Espoir !...

Écoute, il est assis au bord du fleuve,
Si près de l'eau que ses ailes trempent dans l'eau,
O les antiques ailes en l'eau toujours neuve
Qui fuit et mouille le plumage de nouveau,
Le plumage des grandes ailes dans l'eau.

C'est l'Espoir !...

Mais voici l'aube et l'heure pâle
Où ta face est plus triste encore et taciturne
Et folle de mornes alarmes
En tes mains à travers qui coulent, une à une,
Tes larmes.

Le vent efface des traces de pas nus aux sables...

C'était l'Espoir
Qui fut assis dans l'ombre auprès du fleuve noir.

II

Les grands vents venus d'outre-mer
Passent par la Villle, l'hiver,
Comme des étrangers amers,

Ils se concertent, graves et pâles,
Sur les places, et leurs sandales
Ensablent le marbre des dalles.

Comme de crosses à leurs mains fortes
Ils heurtent l'auvent et la porte
Derrière qui l'horloge est morte;

Et les adolescents amers
S'en vont avec eux vers la Mer.

III

Je sais de tristes eaux en qui meurent les soirs ;
Des fleurs que nul n'y cueille y tombent une à une,
Je connais d'antiques miroirs
Habitués à des faces de taciturnes
Qui viennent s'y songer autres du fond des soirs.

Viens vers les eaux avec le soir derrière toi
Et ton ombre allongée à tes pieds comme une morte.
Comme ta vie est loin apparue en l'eau morte,
Comme ta vie est loin des soirs sur les bois
Et des soirs en rayons au seuil des portes
Et sur les vastes et vieux jardins et les toits...

Après tant d'Étés que d'Automnes sont mortes !

Viens dans les calmes eaux laver tes mains coupables
Et ton manteau froissé de vents et d'orages
Et les yeux aveuglés du sable
Des routes d'ombre et des plages

Interminables à tes voyages
Des terres de folie au pays des sages
Où l'eau terne languit en âges de sommeils
Parmi les arbres grêles et sous de pâles ciels.

Le vieux miroir t'attend pour te montrer ta face
En un sourire encore à travers le passé
Et pour qu'il certifie à ton ombre qui passe
Qu'elle est le songe enfin de ce qui s'est passé.

Viens, ô mon Ame, et pour mieux voir,
Lave le tain et le biseau du pur miroir
A cette eau morne et taciturne, un soir.

IV

Tristesse ! mon Ame est dans tes voies
Et pleure aux cippes de tes chemins,
Ton fardeau pèse à ses épaules que tu ploies,
Tes asphodèles se fanent entre ses mains,
Tes chimères agonisent au pli des soies
Qu'elle traîne dans la cendre de tes chemins.

Tristesse ! mon Ame est sur tes pas ;
Elle te suit le long du fleuve et de la haie
De toute la hâte de ses pieds las.
— Le vent pleure dans l'arbraie —
Elle s'entrave dans sa robe et folle, hélas !
Te tend les bras...

Tristesse ! mon Ame est sous ton aile.
Vous marchez côte côte ainsi comme deux sœurs
Dont l'une plus faible chancelle
Et dont l'autre a de grandes douceurs
Pour la plus faible qu'elle couvre de son aile.

Tristesse ! mon Ame est dans ton ombre.
Mène-la si loin que le soir
Y soit grave et calme et le jour sombre,
Mène-la si loin que l'Espoir
Ne l'atteigne du vol rose et noir
De ses ailes de gaze et de moire,
Mène-la hors de la mémoire
Vers les Sept Demeures de l'Ombre.

V

Qu'une main mène mes Douleurs
A la fontaine taciturne
D'une eau où se sont joints leurs pleurs,
Mornes et graves, une à une,

Mon Ame avec ses pâles Sœurs !

Qu'ils aillent, ô mes Désespoirs,
Parmi l'oubli du bois nocturne
Suspendre aux arbres les plis noirs
De leurs tuniques, une à une,

Plus en pièces de soirs en soirs,

Et je pencherai sur l'eau calme
Ma face pâle et taciturne,
Toutes mes peines et mes larmes
Avec mes douleurs, une à une,

Qui sont les Sœurs de ma Fortune.

VI

Si ton âme n'est pas, ô mon Ame, selon la vie,
Et si l'orgueil subsiste en tes songes du soir
Qui s'entêtent à quelque espoir,
Plutôt que de rester si tard à ta folie,
Songe à l'Été, songe à l'Automne,
Souviens-toi des Mais brefs qu'Octobre prompt talonne
De tout le poids du vent sur les herbes courbées....

Oh ! va vers ta demeure où pleurent les clepsydres
Muettes des heures tombées
Dont le silence pleure et vibre
A côté du sablier vide,
Oh ! va vers ta maison où le vent a, dans l'ombre,
Ouvert la porte avec ses ongles...

O Regret, ô Douceur, ô Sagesse !
Quel vieux Destin obscur à ce sort nous filie
D'être ainsi que le vent la fatale détresse
Qu'il faille que le soir succède à l'embellie

Des matins et que la liesse
S'ensuive de mélancolie...

O mon Ame te voici selon la vie.

VII

L'Épée et l'Éventail, le Fard et le Bouquet,
Un masque superpose un rire au pleur des faces,
Une chimère étrange en la soie aux rosaces
Se mire dans l'ébène et le buis du parquet.

Qu'est-il donc de si lent à mourir et si pâle
Dont tant de crépuscule encor n'ait eu raison
Et qui réfugié parmi la vieille opale
Y conserve la paix de l'antique Maison.

O folâtre folie enfin que s'attribue
La nôtre, et l'éventail disperse au vent du soir
Tout souci, là, comme un papillon rouge et noir
Qui vole sur la coupe où la Mort sera bue.

VIII

O Sœur! veux-tu vêtir tes âges et tes soirs
Selon les vrais destins qui telle t'ont voulue
Souriant en face des miroirs
Ton silence où ta paix enfin se constitue?

Veux-tu vêtir tes soirs selon l'usage et l'ordre
Que t'ont signifié le silence et la pierre,
Selon la ruine et l'opprobre
Et la poussière
Et les songes féaux de la maison de pierre?

Pour bien accouder ta Tristesse
A la haute fenêtre où tes jours passeront
A voir la plaine et le vieux pont
Et les routes et la forêt et les ciels d'ouest
Où les soirs périront,
Vêts les glauques satins faux comme l'Espoir
Où luisent les plis en coupures de glaives,
Les satins nués semblables à des eaux claires

Parmi les grèves,
Menteurs de toute la fallace des miroirs,
Et les moires d'ongles griffées,
Et la soie
Qui frissonne comme la joie,
Et les brocarts croulant d'abondances et de trophées.

O Sœur, vêts les durs Sorts où les Destins te ploient
Selon tes songes, hélas! et selon la vie;
La honte seule envenime les soirs,
Un sourire est plus beau d'une face pâlie,
Et la Douleur est douce encor qui fut l'Espoir.

IX

Mon Ame, les vois-tu venir?

Ce sont tes frères les Espoirs
Qui heurtaient à la porte au travers de la haie,
Les doux venants de l'aube gaie,

Les fiancés de la Belle Dame de Tyr,
Les favoris de la Dame folle et gaie,
Qui s'accoudait au balcon pour les voir
Comme ils passaient par la roseraie
Avec de si doux yeux à nul ne leur mentir.

Mon Ame, les vois-tu venir ?

Ce sont tes frères les Désirs
Avec leurs faces impérieuses et suppliantes
Et leurs guirlandes d'amaranthes
Et de soucis, et de riantes
Lèvres qui pleureraient vite
A quelque dur déni d'un destin obstiné ;
Tu sais où leurs regards jadis t'ont conduite,
Pauvre Ame, en qui le soir, comme une autre âme, est né.

Pauvre Ame, les vois-tu venir ?

Ce sont tes frères les Souvenirs ;
Ils marchent sur des feuilles mortes
Et portent des miroirs où leurs faces pâles
Se confrontent à d'autres faces, les mêmes et plus pâles ;

Ils savent tous les coins des vieux jardins et les ombres,
Et les clefs de toutes les portes,
Et l'âtre doux en reflet aux dalles,
Et la maison filiale d'aïeules graves,
Et d'autres qui teillaient le chanvre sur les portes
Auprès de celles qui sont mortes.

Pauvre Ame, les vois-tu revenir
Espoirs, Désirs et Souvenirs,
Ces doux frères que te ramène
Une amertume bue à la même fontaine ?

Vois, tous les soirs sont morts au large de la tour triste
Qui plonge au marais noir ses murs que verdit l'eau,
Ton diadème est lourd d'une antique améthyste
Et tes cheveux d'or lisse échappent du bandeau ;
Et ta robe s'efface en chimères fanées.

Le vent qu'elles plus las te chante les Années.

Regarde, les voici qui viennent,
Une à une, les anciennes
Et du plus loin qu'il te souvienne,

Pauvre Ame,
Ombre de la Tour morne aux murs d'obsidiane !

X

Des faces graves sont au fond de nos Espoirs...
Graves sous l'or qui les couronne
De fleurons de flamme et de jaspes noirs,
Et leur regard évoque un songe où des mains donnent
La main aux mains sûres et bonnes
De celui qui les va guider, le bel Espoir,
Vers nous, pour qu'en nos soirs
Rayonnent
Les douces faces à jamais sur nos Espoirs.

Des faces tristes sont au fond de notre joie...
Pour de guirlandes que s'ornent les cyprès,
Leur ombre est-elle moins triste sur les prés ?
Si longtemps que le crépuscule atermoie,
Ne faut-il pas qu'il choie ?
La Chimère qui grimpe de ses griffes aux fleurs des soies

Retombe des plis déchirés,
Le sourire s'aggrave de soins invétérés
Et toute Douleur larmoie
Aux faces, hélas, de notre joie.

Des faces pâles sont au fond de nos passés...
Dans l'ombre
Où s'annulent des opales dépéries,
Où s'éteignent des rubis lassés ;
Des songes pâles errent par la forêt de nos passés
Et pleurent aux sources taries
Qui ne mireraient plus leurs faces effacées,
Et les soirs aveugles aux pierreries
Ne savent plus où ont passé
Les fâces pâles de nos passés.

Des faces mortes sont au fond de nos silences...
De grandes ailes ont plané sur les eaux.
Le marbre et le basalte et l'ombre et le silence
Erigent, dans la Nuit, des tombeaux
Où la face sculptée au fronton du silence
Eternise sa vigilance
A revoir sa durée aux taciturnes eaux.

Quels beaux Espoirs dorment au fond de nos silences
Près des Passés assis au seuil de leurs tombeaux !

XI

Par les chemins de ma tristesse il est venu
Avec le vent léger en sa chevelure,
Avec sa face de pâle aventure,
Il est venu,
Il était nu,
Et des fleurs tristes se fanaient à ses mains pures.

O Voyageur qui reviens du fond de moi-même,
Tes pas ont foulé les grèves des mers mornes,
Tes pas lointains ont remué des feuilles mortes,
Tu as frappé à bien des portes,
Tu as compté bien des bornes ;
Tes lèvres ont bu l'eau de mes fontaines ;
Tes lèvres sont blêmes
De leurs eaux mortes
Où tu te mirais à toi-même.

O Voyageur qui reviens du fond de mon Songe,
Les oiseaux ont fui dans la forêt,
La licorne a cassé la longe
Dont tu la menais ;
Mes lacs se sont changés en marais
Et mes rosiers en cyprès ;
La grotte merveilleuse est un antre de ronces
Où tu errais
Avec ton ombre.

Par les chemins de ma Tristesse, ô Revenu,
Avec ta face de pâle aventure
Et du sang à tes pieds nus,
Assieds-toi. Le soir est venu.
Voici le pain et le manteau de bure,
Et le silence où tout s'endure
Comme si rien n'était survenu...

XII

Les bouquets sont fanés au fer des lances,
Les rubans sont déteints à la poignée

Des glaives clairs encor de victoires saignées
En un val de silence,
Par delà les Années...

Et le retour s'en vient, par le soir et les chemins,
En chevaux bronchant aux cailloux,
En mors ébroués aux vieilles mains,
En cuirasses saignant par le crible des trous,
En défilé triste par les chemins
Et les sentes en lacis,
Entre les blés et les semis,
Sous le vol sinistre des oiseaux de souci,
En cors où se sont tus les grands souffles hautains,
Et le soleil est noir en les écus ternis.

Les bouquets sont fanés à la pointe des lances
Et les pommeaux, ornés de rubans de vaillance,
Heurtent la porte de la demeure du Silence ;

Et sur le lent retour qui chevauche, un à un,
L'ombre descend du vieux palais comme quelqu'un,

L'ombre du vieux Palais descend comme quelqu'un.

XIII

De l'antique tempête et des soirs morts sur des mers mornes
Par les routes où les bornes d'onyx marquent les carrefours,
Des galops à travers les portes en arcades,
De la vigie au sommet des tours,
De l'orgueil ou de quelles amours
Es-tu revenu, et par quel détours
Des vieux Espoirs t'a ramené là ta Fortune
Pour que ta lèvre ait tant d'amertume ?
Et quel Destin
Triste et hautain
Ploie à ton poing le vol d'un oiseau taciturne ?

Bel Oiseau !
Dis-nous pourquoi ses vêtements sont en lambeaux.
Tes yeux brûlent parmi ton plumage de fer,
L'escarboucle scintille à ton bec taciturne,
Tes griffes d'or empoignent sa chair,
Et quand tes ailes d'ombre ouvrent leur vol sur lui
Elles le couvrent d'une mystérieuse nuit.

Bel Oiseau, si tu ressembles à ses Songes
De tout ton vaste vol immobile à jamais,
La tristesse s'augure à ton emblème sombre ;
Ne revoleras-tu vers l'antique forêt,
Vers les soirs de tempête et la mer et les dunes
Pour guider ses pas plus lents à l'aventure,
Et verra-t-on encor passer parmi la gloire,
Avec la claire épée et l'armure noire,
Le périlleux Errant dont le casque s'emplume
A son morne cimier d'un Oiseau taciturne ?

★

Mon Ame s'est songée, hélas, et jusqu'en l'ombre
Elle a suivi qui lui semblait être comme elle ;
Selon quelque face fraternelle,
Selon quelque voix aux leurres de réponse,
Selon une ombre,
Elle a marché, parmi les roses et les ronces,
A travers la prairie éparse d'asphodèles,
Par la route, la sente et la grève,
Le long du fleuve, de la haie et de la mer,
Avec l'Espoir et la Tristesse, tour à tour, et le Mensonge,

Avec l'Orgueil aveugle et que mène la Honte,
Elle a marché,
Pauvre âme taciturne et folle et lasse et prompte
De s'être ainsi songée à suivre au loin son ombre.

O Vigilante,
Nulle face en l'écho ne t'a jamais souri,
Nulle fleur qui ne fut ton sang à tes pas n'a fleuri,
Nul soir qui ne fut ton âme n'a péri ;
Tu ne sais rien dont déjà tu ne te souviennes,
Et les plus vieux chemins ne mènent pas ailleurs,
Par la joie ou les pleurs,
Qu'à toi-même,
O Vigilante !

Laisse dormir en toi les taciturnes eaux
Où ton songe penché se mire à ton silence ;
Le vent triste frissonne à ta robe en lambeaux,
Ta robe déchirée à l'angle des tombeaux ;
Sois silencieuse, ô Vigilante,
Éteins du pied la torche où brûla ton orgueil,
Et du feu qu'elle expire allume l'humble lampe,
Et ne dépasse plus le seuil

De la maison où l'âtre en cendre
Croule en décombre;
Ferme la porte,
Et que la paix du soir apporte
Son ombre sur ton ombre!

LA GARDIENNE

> Je m'apparus en toi comme une ombre lointaine,
> STÉPHANE MALLARMÉ.

PERSONNAGES EMBLÉMATIQUES

LA GARDIENNE.
LE MAITRE.
LES DEUX FRÈRES D'ARMES.

Une antique forêt, sur une colline, environne un vieux manoir en ruines parmi d'incultes jardins.

Un seuil de pierre exhausse une lourde porte disjointe et close.

Le Maître sort de l'un des sentiers de la forêt, soutenu par ses Frères d'armes.

Le soleil décline derrière les arbres; il effleure de jaunissantes cimes et les toits du Manoir.

LE MAITRE :

O forêts, belles de solitaires automnes!
Mon enfance a tressé vos feuilles en couronnes
Et vous avez grandi sur l'oubli de mes pas,
Hélas!
Et vous avez vieilli d'aurores et d'automnes.

O retour, ô tristesse, ô soir!
Comme les sentiers sont noirs
Qui mènent vers le vieux manoir;
Les herbes et les fleurs sont mortes
Sous le feuillage des branches trop fortes,
La mousse ronge les écorces
Comme la rouille les claires lames torses,
Comme le temps les beaux Espoirs.

O tristesse, ô soir!

L'UN DES FRÈRES D'ARMES :

Seigneur, voici, parmi les arbres,
Le vieux château que vous voulûtes
Revoir, à cette heure de fièvre et de larmes
Où vos glorieuses blessures saignaient sur vos armes,

Alors qu'en votre Ame,
Ainsi que des clairons se taisent à la flûte
D'un pâtre parmi son troupeau qui broute et bêle,
Des songes tressaillirent où se renouvelle,
Avec ses soirs mornes et ses aubes belles,
Tout le passé muet que l'angoisse interpelle.

Voici le vieux château de ciment et de marbre,
En sa douceur d'abandonné,
Parmi le jardin sans arbres,
Et ses murs vétustes et frustes
Et les guirlandes du portail et les volutes.

LE MAITRE :

Merci, au nom du seuil où vous m'avez mené.
Le Passé, c'est le soir derrière la forêt
Et la mer par delà les plaines, les landes, les grèves ;
C'est l'ombre où l'oiseau disparaît
Qui saigna d'une flèche à l'aile,
Pour avoir plané sur les piques, les arcs et les glaives.

Merci, frères, vos pas m'ont rouvert la forêt
Et mon âme est rentrée en le lieu de ses rêves.

Il s'avance de quelques pas. Les Frères d'Armes le considèrent et alternent à mi-voix.

L'UN :

L'Épée entre ses mains, hélas! a lui. La torche
Hautaine n'éclairera plus le vaste porche
Du Palais que sa gloire à la gloire a construit.

L'AUTRE :

Et les soirs passeront aux faces des Années
Et les Braves pleureront les aurores nées
Après que le Héros a pris fin dans la nuit.

L'UN :

O quel renom pourtant se relègue en l'oubli !

L'AUTRE :

Gonfalon dont le Temps roidira l'ample pli !

L'UN :

Lance haute que rouilleront la pluie et l'ombre !

L'AUTRE :

Glaive jusqu'à la garde entré dans le sol sombre !

ENSEMBLE :

Voici que le Destin consulte le Destin.

LE MAITRE,
qui se retourne vers eux.

Amis! mon soir en pleurs retourne à son matin.

Ma faiblesse chancelle et s'étonne à survivre,
La coupe d'or menteur avait le goût du cuivre
Et si j'ai bu l'orgueil et son ivresse étrange :
La honte! et le breuvage triste de la gloire,
Son amère fumée est morte en ma mémoire
Et je me sens un autre, enfin, et l'heure change.

Il tire l'épée suspendue à son côté.

Allez, voici le Glaive illustre, et du pommeau
Où la gemme oubliera la main qui l'a polie,
Mon poing, dépris du soin de l'antique folie,
Heurte, en ce soir de paix, la porte du tombeau.

Ouvre toi, dur vantail que le Temps a scellé,
O murs, ô salles, et toi, doux âtre,
Luis pour le vagabond et pour l'inconsolé,
Et sèche le manteau de l'errant et du pâtre.

Porte où, le soir, nul n'ôtera la clé !
Et que les passants pâles et les mendiantes
Abritent leur misère sous ce toit
Où vient songer celui dont les mains bataillantes
Renoncent à l'Épée et maudissent l'arroi ;
Et ce glaive je vous le donne.

Adieu, Frères, priez que l'ombre me soit bonne,
Que mes mains qui, d'un geste, ont rué par les soirs
Le galop des chevaux aux moissons des terroirs,
Et qui haussèrent le pennon et dont l'anneau
Luit d'un rubis qui semble du sang mort dans l'eau,
Obtiennent le secours d'être à jamais oisives
Par l'ample ablution à des fontaines vives !
Que ces coupables mains, ô larmes, soient absoutes
Du crime de la lutte et de l'orgueil des joûtes
Par les femmes en deuil qui pleurent sur les routes,
Par les morts oublieux qui dorment sous les voûtes.

Adieu, je vous salue au seuil de la paix calme,
Au nom du vieux laurier amer et de la palme,
Vous dont la Vie ardente était selon sa loi,
Vous qui fûtes ce que je fus et mieux que moi,

Vous pour qui la forêt est de l'ombre ample et fraîche
Sans qu'un fantôme pâle à jamais vous y cherche,
Et qui ne cachiez pas, sous l'étoffe et l'armure,
Le regret mal fermé de quelque plaie obscure,
Et qui ne traîniez pas le poids desespéré
D'un lourd manteau de songe à demi déchiré.

Quand vos pas seront morts comme mourra ma voix,
Avec l'adieu suprême enfin qui vous conjure
D'oublier au départ les chemins de ce bois
Et le château désert où mon âge se mûre,
Il ne restera plus, de qui brandit le glaive
Injurieux parmi la plaine et sur la grève
Où ses pas au couchant saignent peut-être encor,
Qu'outre quelque renom qu'amoindrira la Mort,
Quelqu'un qui vient, un soir, vers le château qui tombe
Pierre à pierre ainsi que nos jours vont à la tombe,
Voir s'il ne reste rien dans le Songe et la Nuit
De ce qui fut un autre et de ce qui fut lui,
Et confronter, au seuil que la ruine encombre,
Son Ame, face à face, hélas! avec son ombre.

Les Frères d'Armes disparaissent dans la forêt. Le vent du soir frissonne
et à travers les arbres, au ciel, un peu assombri auparavant, les derniers
éclats du couchant rayonnent.

Le Silence a baisé mes lèvres pâles,
Des souffles passent sur mes mains
Et le crépuscule se hâte
De m'enfermer loin des chemins.

Voici le terme enfin et la suprême halte.

Ma blessure se ferme et pleure
Sur ma chair que le sang effleure.

Le tragique passé se meurt avec le soir.

Lui qui marchait à mon côté,
Il m'a quitté,
Je ne sens plus sa main dans la mienne,
Je ne sais plus les routes où il m'a conduit
Parmi l'orgueil, l'alarme et la lutte et le bruit ;
Il m'a laissé là pour que je revienne
Seul à la demeure ancienne
Où sa main avait pris la mienne

Un jour :

N'était-ce pas au printemps d'une année
Que je ne vis pas fanée ?
Les roses montaient jusqu'à la pointe des tourelles,
Le jardin était fleuri selon mon âme,
Les colombes volaient autour des tourelles,
Et le retour des tourterelles
Était si proche qu'elles roucoulaient dans mon âme,
Déjà, et que l'aurore et mon âme pâles
Étaient pleines de fleurs et d'ailes.

Les paons erraient parmi les bleus héliotropes
Et rouaient leur gloire qui trône
Et d'elle-même s'enveloppe.

Et je tressais des fleurs en couronnes,
En couronnes jamais fermées,
En guirlandes jamais finies,
Et mon amour brûlait en les mélancolies,
Comme la jeune flamme à travers les fumées.

Ses mains enchantaient l'aurore autour d'Elle,
Et j'étais auprès d'Elle
Et j'étais enchanté,
Elle était tellement à moi,

Elle était tellement en moi,
Que je la cherchais dans le silence,
Que je la cherchais en fermant les yeux ;
Le tiède soleil ruisselait sur ses cheveux,
Le matin rayonnait sur nos adolescences.

O Deuil ! alors un cri, de la plaine éblouie,
Monta parmi notre candeur évanouie,
Et sur un tertre en fleurs que foulait leur pied dur,
A travers le repos de l'heure et de l'azur
Et le songe sacré de paix et de silence,
Quatre Hérauts, debout à côté de la lance
Que chacun d'eux avait plantée auprès de soi,
Vêtus du lourd tabard où luisent dans l'orfroi
Les écailles de l'hydre et les dents de la guivre,
Sonnaient le buccal cri de leurs buccins de cuivre,

Et l'armée autour d'eux couvrait la plaine en fleurs.

Armures d'argent clair où l'art des émailleurs
Avait gemmé de claires gouttes de rosée,
Casques où s'éployaient, l'aile haute ou brisée,
De grandes aigles en leurs plumages de fer,
Glaives éblouissants et tors comme l'éclair,

Tout l'appareil brutal de sang et de victoire
Et les chevaux et leurs caparaçons de moire,
Les poings durs qu'emmaillent d'acier les gantelets,
Les torses amples et bombant les corselets,
Et des faces d'orgueil qu'empourprent des colères
Où la huée éclate au cuir des jugulaires,
Et le cuivre et la soie et l'airain et les ors,
Et les pennons oscillant au souffle des cors,
Cavalcade farouche et dont le bruit dur sonne,
Derrière qui nul blé, hélas ! ne se moissonne,
Toute la horde lourde et le pas cuirassé
Au travers de mon songe en criant ont passé !
Et fol enfant, avec les colombes fleuries
Et les paons éperdus à travers les prairies,
Loin de l'Amie en pleurs qui m'avait pris les mains,
J'ai suivi, sur leurs pas qui heurtaient les chemins,
Le prestige casqué des fausses Destinées,
Jusqu'au soir où voici, vers les tours ruinées
Et vers la maison vide et le jardin désert,
Que mon âme revient des hontes de la chair ;
Et sur les jours passés, assis à l'âtre en cendre,
Toute l'ombre où mon soir s'efface va descendre.

Mourez, ô visions, dont l'erreur se dénude !

> Dans la plaine, les clairons de l'armée qui se disperse sonnent.

Et tu hurles encor, jusqu'en ma solitude,
Cri tenace, brutal appel répudié,
Mensonge de toute ma tristesse oublié !
Parmi la ronce ardente et l'ortie et l'épine,
Comme un chien accroupi au bas de la colline
Qui lèche les talons et qui mordrait les mains,
Tu pleures tristement à l'angle des chemins,
Et ta plainte, où l'orgueil comme une bave écume,
Ne trouble plus ma vie en proie à l'amertume
D'avoir où tu voulais suivi ta sonnerie,
Et mon manteau de deuil couvre ma chair meurtrie.

> Les clairons sonnent et diminuent.

Et je vous hais, clairons farouches, dont l'accord
Retentit longuement dans mon songe où la Mort
S'accoude pour dormir à côté du Silence ;
Je vous maudis, éclairs du glaive et de la lance,
Soirs de gloire arrachés à des vaincus amers,
Et froides nuits sous les étoiles près des mers,
Et toi, stupide Orgueil, en qui salue un hôte
La Colère, debout avec sa torche haute,
Marches rudes le long des fleuves et des bois,
Mains sanglantes qu'on lave à la source où je bois

Et blessure empourprant la fontaine où je pleure,
D'avoir, hélas! selon la maîtrise de l'heure
Mêlé ma face pâle à ces faces d'orgueil
Insultant quelque veuve assise sur le seuil
Qui voue au noir Destin mon nom qu'elle injurie.

Et je vous hais, pennons, pour cette allégorie
Que secouait le vent du soir, ample en vos pans,
Hampe où s'accroche l'ongle des griffons rampants,
Et votre saut cabré, licornes pommelées
Dont l'emblème emportait, à travers les mêlées,
Ceux dont l'âme, pareille aux bêtes du blason,
Les regardait surgir au ciel de l'horizon
Où leurs griffes luisaient dans le vol de leurs ailes!
Armures que le trou des blessures mortelles
Hérissa d'un faisceau de flèches et de traits,
Triste apparat et vaine emphase où tu riais,
Soleil! comme au miroir des cuirasses saillies
Hors du lourd manteau noir de mes mélancolies
Dont le lambeau demeure aux branches du passé
Le long de la forêt où nous avons passé,
Taciturne, et songeant qu'à travers le bois sombre
Mon Ame me suivait peut-être comme une ombre,

Fidèle à la douceur reniée et mêlant
Des larmes au cri dur du combat turbulent,
Avec ces douces mains pour les chairs entamées
Qu'ont les femmes en pleurs qui suivent les armées.

Le couchant s'est éteint. Crépuscule.

Reçois-moi, ô manoir, pauvre d'abandon,
Ouvre ta porte comme un pardon,
Sois celle qui n'est plus et celui que je suis,
Que ta ruine croule, pierre à pierre, sur ma détresse,
O salle vide, sois mon hôtesse,
O toit, que nulle étoile ne luise sur mes nuits !
Je suis le désastre et le deuil
Qui s'agenouillent sur le seuil.

O douce oubliée, si dans les soirs
Où tu pleurais sur la terrasse,
Où tu pleurais devant ton miroir,
Où tu pleuras seule et lasse,

Si tes lèvres ne m'ont pas maudit de tout le reproche de leur pâleur,
Si tes tristesses m'ont pardonné de toute la bonté de leur douleur,
Si ta bouche ne fut pas aride de m'avoir appelé en vain,

Si tes yeux ne furent point implacables d'avoir pleuré,
Si mon souvenir te fut doux
De toute la peine endurée,
Si l'ombre du sépulcre (peut-être) garde ta face calme,
Si ceux qui t'ont ensevelie (peut-être) ont dit :
Qu'elle est belle et douce dans la mort
Et pardonnante dans la mort,
Oh! laisse-moi rentrer dans la vieille demeure,
Je suis celui qui prie et qui pleure.

Il frappe à la porte.

LA GARDIENNE,
à demi dans l'ombre et voilée.

Toi qui heurtes au nom du passé
Et de toute ta misère
Revenue à jamais sur tes pas effacés
Du fond de l'aventure amère,
O toi dont l'orgueil est faussé
Par les griffes de la chimère,

Entre !

Pauvre Ame! quel laurier ombrage enfin ton soir
Las de ce morne ébat qui trompa ton espoir;

La torche
Éclaire-t-elle la route où ton pied s'écorche ?
Quelle face viens-tu mirer à mes miroirs ?
L'escorte de ta gloire hennit-elle au porche ?

Quel trophée éclatant de songes et d'épées
Viens-tu dans l'ombre appendre au faste enfin des murs ?
Quel ruissellement de médailles frappées
En mémoire de magnifiques équipées
S'amoncelle-t-il sur les pavés durs ?

Non, rien que ta pâleur,
Et tes blessures et ta solitude et tes pleurs,
Et le doute, aux échos multipliés vers l'ombre,
D'un nom vaste à jamais de rumeurs et de larmes,
Et l'orgueil qui s'exalte au choc des armes,
En toute l'Ame,
Et se repent quand l'œuvre est faite et le ciel sombre.

Dis, qu'as-tu retrouvé des fleurs de notre joie
Au jardin dévasté ?
Sous quelle couronne voit-on que ta tête ploie ?
Quel vent de gloire a donc venté

Pour que ton manteau en loques déploie
Son pli ensanglanté ?
Quels soleils éclatants ont lui
Pour que tes cheveux soient presque blancs dans la Nuit ?

Entre !

J'aime ton regard qui ne s'étonne
Que je sois là ;
Comme étaient nos printemps voici que nos automnes
Se retrouvent encore ainsi que nous voilà.

Les vains soirs ont saigné jusqu'en l'ombre, ô Passant,
D'orgueil triste, d'augustes gloires et de sang
Et qui, parti d'un songe au songe où tu reviens,
A travers l'erreur vaine et les torts anciens,
Marchais avec ton ombre attachée à tes pas
Sur la route infinie où tu peinais, hélas !

N'étais-je point toujours près de toi, moi, ton Ame ?
J'étais ton ombre au soleil, le fantôme
Qui montait des feux dans la flamme,
Quand ta gloire campait sur le désastre des royaumes,

J'étais dans les regards que la misère affame,
Dans la tristesse de ceux qu'on acclame,
Mes mains ont soigné tes blessures bénies,
Et c'était moi que voyaient tes agonies.

Elle se recule dans l'ombre.

Je t'ouvre le château de songe et de sagesse
Où le seuil ruiné disjoint la porte haute,
Et, si l'âtre allumé chauffe mal ta détresse,
Pense à tes jours perdus et pleures-en la faute.

Si dans la forêt triste où le vent rôde et peine,
Les arbres, un à un, s'effeuillent aux ruisseaux,
Songe que c'est l'Automne où la vendange est vaine
A ceux qui, dès l'aurore, ont quitté les travaux.

Je t'attends sur le seuil où le soir est plus sombre
Que tout le crépuscule où ta douleur frissonne ;
La demeure où j'accueille est la maison de l'ombre,
Et mon visage est grave en face de l'automne.

Comme à l'heure où jadis, dans le jardin en fleurs,
Ton âme tressaillit aux gloires devinées,

J'ai le même conseil et les mêmes pâleurs
Qu'alors que j'implorais tes fausses Destinées.

Je suis la même encor, si ton Ame est la même
Que celle que l'Espoir aventurait au pli
De sa banniére haute, et je reste l'Emblême
Du passé qui persiste à travers ton oubli.

Viens, je t'ouvre la porte, et si ton âme est vieille
De tant de soins perdus à son âpre folie,
Ne reproche qu'à toi le peu qu'à notre treille
Vendangeront ta faute et ta mélancolie.

Que mon silence enfin soit ma seule réponse.
Si ma table de hêtre est frugale en festin,
Ma demeure s'accorde à celui qui renonce
Et qui remet ses mains aux mains de son Destin.

QUELQU'UN SONGE D'HEURES ET D'ANNÉES

> Il passe des cortèges d'heures oubliées.
> FRANCIS VIELÉ-GRIFFIN.

J'ai fleuri l'ombre de fleurs pâles
Et, du plafond jusques aux dalles,
J'ai drapé les murs à longs plis
De la couleur des jours perdus et des soirs morts
Où mes songes pâlis,
En ombres plus pâles,
Au travers de la trame apparaissent encor
Avec leur geste pur où tremble une fleur d'or.

Dans le silence du vieux et mélancolique logis,
De salle en salle et d'heure en heure,
Erre, sourit et pleure

*Le Souvenir avec sa face de jadis
Et ses sandales
Muettes comme auprès de quelqu'un qui dort;
Sa lampe d'argent clair où brûle une huile d'or
Illumine le geste vigilant de ses mains pâles
Au front des Oublis
Qui, les yeux clos et les lèvres fermées,
En leur cendreuses robes qu'agrafent des camées,
Accoudent leur sommeil aux bras des vieilles stalles.*

*Et mon âme habite le morne logis
Où, du plafond jusques aux dalles,
Descendent aux murs les longs plis
De la couleur des jours perdus et des soirs morts.
Les fenêtres, hélas, sont toutes vers le Nord.
Et l'horizon est de ciel, de routes et d'eaux.*

*Oh! que mes songes m'emmènent encor,
Comme jadis,
Le long des routes et des eaux;
Que mes songes me guident encor
Du geste de leurs mains où tremblait la fleur d'or;*

I

La pluie est douce, au crépuscule, sur la soie
Du manteau brodé d'anémones;
La pluie est douce sur les mains d'aumônes
De la pâle Amie qui s'apitoie,
Au crépuscule, sans qu'on la voie,
Sur les plus vieilles mendiantes de la forêt et les étonne
Par son sourire plus doux que son manteau de soie.

La pluie est douce et mouille les vieilles bures,
Et les loques et la peau dure
De la couleur des feuilles mortes,
Et le fagot de hêtre est lourd, et les socques
Des pauvres pieds sont tenaces aux feuilles mortes,
Et la sente boueuse est obscure
Qui mène vers le seuil des portes
Aux chaumières, là-bas, parmi les cultures.

La pluie est douce sur toute la forêt et sur les plaines.
L'obole tinte aux plis des robes de laine

Et luit aux vieilles mains lourdes d'aumônes;
Les falots éclairent la souche et la pierre et les bornes,
Et vacillent en l'eau des fontaines,
Et les pas lourds et monotones
S'en vont en écrassant les faînes.

Elle a donné l'obole et le manteau fleuri,
Ils sont passés et elle a souri...

II

Au bois des frênes nous avons pleuré.
Était-ce d'avoir quitté les bruyères
Où nous avions erré,
Et les collines et les prés,
Et les sentiers selon la courbe des rivières,
Était-ce à cause de vieux hivers
Et de tant d'hiers
Où nous avions pleuré?

Au bois des frênes nous fûmes ceux-là
Qui songent si longtemps que l'ombre les étonne

Du jour bref qu'ils ont vécu là ;
Les Étés à mi-voix incantent les Automnes ;
Les rires ont pour écho les hélas;
Ivres d'être la vie et d'amour monotone,
Quels seront les demains de qui furent ceux-là ?

Au bois des frênes le songe est pleuré,
La vie est morte et l'ombre est hier,
L'Espoir est d'avoir espéré,
Le songe de vivre est erré ;
Le gué du ruisseau disparaît, pierre à pierre,
Le soir est pâle comme une face de misère.

Le bois des frênes doux sous la pluie a pleuré.

III

Amour! tes pampres frais noués aux thyrses frêles,
Tes oiseaux familiers au grain de tes corbeilles,
Et tes flûtes entre tes ifs et tes tombeaux,
Et ta face, parmi le ciel, et dans les eaux

Mirée éperdûment taciturne et trop pâle
Du soupçon d'un destin écrit dans une opale,
Et, parfois, patiente ou rieuse selon
D'autres sorts devinés aussi de bonheur long
Dans le béryl magique ou le diamant calme.

Le vent vaste et l'automne ont passé sur cette âme
Et, malgré la main tiède à son bois défleuri,
Le thyrse inefficace et stérile a péri.

Orgueil! ta torche haute a brûlé jusqu'en l'ombre
Dans la salle déserte où s'allongea ton ombre,
Et sa flamme, empourprant le poing qui la brandit
Et dont l'étreinte opiniâtre se roidit
Autour du tison tors où sa force est crispée
Comme au thyrse jadis délaissé pour l'épée,
De tout l'éclat dont elle éblouit les miroirs
Sur le morne pavé n'étend qu'un geste noir!

IV

C'est l'Heure triste avec la face d'un de mes songes,
Et le pas grave de mes douleurs,
Et mes mains de jadis lentes de pâles fleurs,
Et c'est mon ombre,
Et mes jours et mes soirs, hier, et leurs pâleurs
Avec la face de mes songes.

De la maison de ma vie,
Là-bas, parmi le vent et les arbres, là-bas
Où mon âme a vécu ce qui ne s'oublie
Et dont on ne se souvient pas,
L'heure triste est venue, oubliée et pâlie
De tant de feuilles mortes sous ses pas
Par les sentiers perdus, hélas! à qui l'oublie.

Avec ce qu'elle était lorsque je fus son hôte
Dans la vieille demeure de vie
Et comme elle était lorsque s'en vint une autre
Qu'une autre a suivie,

Telle que je l'ai vue alors face à face
Et déjà lasse
D'être celle qui est et passe,
D'être celle qui a passé.

Au seuil de la maison d'outre-vie
Le vent ferme la porte du passé.

L'Heure filtre en la chambre basse
Son sablier où le sable décroît et se tasse,
Et le nom qu'elle écrit sur la cendre le vent l'efface.

Du fond de la mémoire et de l'inespéré
Tes pas viennent d'hier et ta face de l'ombre,
Et les fleurs que tu tiens fleurirent aux vieux jours
De mon âme et de ses soirs courts
Où tu riais si pâle avant d'avoir pleuré,
O mon Ombre,
Toi l'heure de l'un de mes jours
Avec la face de mes songes.

V

Elle saigne loin des mains miséricordieuses
Cette chair pâle à qui sourit l'Enfant blessé
Que la vit ruisseler parmi les fleurs joyeuses
La sienne ! que des caresses insidieuses
Blessèrent quand il a passé,
Bénirent quand il fut blessé
Par les mains déja miséricordieuses.

Elle pleure loin des hiers
Cette Douleur au regard grave
Et lourd des jours et du temps amer,
Ces yeux qui savent
La blessure enfantine de la chair
Et le mal plus grave
Des songes pâles,
Elle pleure, cette Douleur, sur les grèves de la Mer.

Elle songe, cette Tristesse, et l'heure est morne
Du soir où s'est perdu son pas dans la forêt,
Et l'heure est morte

Comme Elle errait,
D'arbre en arbre, parmi les fruits d'or et de cendre,
Toujours plus lente
Jusqu'à s'être perdue au fond de la forêt.

Elle dort enfin sous la Nuit miséricordieuse,
La pâle face, hélas! qui fut l'Enfant blessé
Parmi les fleurs joyeuses,
Celle qui fut le lourd regard lassé
De douleurs graves et sérieuses,
Celle qui fut morose et curieuse
Et qui est pâle encore d'avoir vécu et taciturne
D'un vieux passé de pleur, de songe et d'amertume.

VI

Le soir chôme en la trêve, au seuil des rouets doux...

Le site est rude à peine encore de vieux houx
Attestant que la terre antique fut cruelle
A la douceur naïve en quête de l'agnelle,

A cette Ame qui fut si folle en le Bois noir
Et se reconnaît mal au tranquille miroir
Où d'elle son passé s'exile et la recule,
Les moissons mûres sous le tiède crépuscule,
Les vergers lourds déjà du déclin de l'Été,
Tout ce qu'il semble à notre songe avoir été,
Ce lent chemin entre des arbres et le fleuve,
Et comme cette écorce, hélas ! une chair neuve
Avant la vie et l'aventure et l'ombre et l'an
Et le silence en pleurs sur le seuil vigilant.

VII

Les belles eaux et les ombrages et les portiques
Dont gisent les débris parmi les mauves
Doucereuses et mélancoliques,
Les belles eaux et les ombrages lourds aux roses
Qui s'étiolent à l'ombre des troncs antiques,
Les belles eaux
Doucereuses et mélancoliques
A mon Destin

Mirent en elles le décombre et le déclin
Des ombrages et des portiques.

Un vent faible erre d'arbre en arbre ;
Ton songe va de soir en soir,
Un oiseau chante d'arbre en arbre
Jusques au soir.
Tes Désirs sont passés avec le temps des roses.
Ta Tristesse s'accorde à la pâleur des mauves.
Le Bel Espoir
A ployé ses ailes de marbre,
Et le ciel noir
Pleure en larmes d'ombre sur sa face de marbre.

O songeur du vieux songe qui, d'âme en âme,
S'échange et passe
De mains en mains et d'âge en âge,
Cendre ou flamme,
Toi le même dont tes Désirs s'exaltaient de pourpres roses,
Toi le même dont ta Tristesse se couronne de pâles mauves,
Te voici face à face, enfin, avec ton soir
Où l'Espoir
Qui devant toi marcha sur le sable
Est muet à jamais en sa face de marbre...

VIII

Voici plus lents tes pas et tes mains plus prudentes
Et ton sourire est doux comme d'avoir pleuré,
Et voici que, près de toi, avec leurs lampes,
Les unes faibles et vacillantes,
Les autres où l'huile patiente a duré,
Marchent les Heures sages et les folles, promptes ou lentes,
Selon qu'en a souri ton Désir ou pleuré.

Le crépuscule est clair où tu vas avec elles,
Le sentier est étroit où tu vas auprès d'elles,
Les fleurs que tu frôles sont pâles
Et les fleurs que parfois tu cueilles sur le sable
Ont un parfum amer et doux et tu vas, pâle,
Et tu chancelles
Entre les Folles et les Sages.

Te voici seule enfin loin d'elles et des lampes,
Seule en le bois où tu entres
Plus pâle parmi l'ombre et plus lente...

Et la clef d'or scintille entre tes mains prudentes.

IX

Je songe aux autres...

Qu'est-il advenu de leurs soirs, là-bas, dans l'ombre, là-bas
Qu'est-il advenu de leurs pas ?
De sa face hautaine ou de son âme haute,
De l'orgeuil d'un ou du rire d'un autre,
Où les ont menés le malheur ou la faute ?
Qu'est-il advenu d'eux, dans leurs soirs, là-bas,
De leur douleur, de leur tristesse, de la vôtre,
Vous l'un de ceux-là et vous l'autre,
Qu'est-il advenu de vos pas ?

J'entends des flèches dans le vent
Et des larmes dans le silence,
Qu'est-il de vos destins dans les couchers en sang ?
Au fond des mornes ciels de cendres et de vent,
Votre face s'est-elle vue à la fontaine,

Eaux sans jouvence,
Où l'on s'apparaît à soi-même.

On heurte là-bas à des portes
Et j'entends qu'on mendie au coin des carrefours ;
Mon soir est inquiet de vos jours ;
J'entends des voix basses et des voix fortes
Celle qui prie et qui gourmande, et tour à tour,
Comme vivantes et comme mortes
Au fond des jours.

A-t-il trouvé la clef, a-t-il ouvert la porte,
Joie ou Douleur, qui fut l'hôtesse ?

S'il est advenu de leurs soirs
Ce qui advint de leurs espoirs...

Que la Nuit vienne sur nos soirs !

X

Ma Tristesse eût pleuré ton Destin taciturne
Qui s'accouda longtemps en face du beau soir
A la fontaine où les étoiles, une à une,
Ont lui dans l'eau morose où n'a pas bu l'Espoir.

Le jardin a fleuri jusques à tes mains pures
Son silence, sa joie et sa sérénité,
Et ton geste écarta comme des impostures
Ces délices pour toi qui n'auront pas été.

Devant le songe au loin de tes ans monotones,
Les doux Printemps sont nés, insipides et courts,
Et les grands vents par qui succombent les Automnes
Ont effeuillé les bois et défleuri les jours.

Ton Destin a compté ses heures, une à une,
Ma Tristesse, sa Sœur, n'a pas pleuré sur lui,
O Toi qui pour passer les fleuves taciturnes
Ne portes pas de fleurs et marches vers la Nuit!

XI

Les fruits du passé, mûrs d'ombre et de songe,
En leur écorce où jutent des coulures d'or,
Pendent et tombent,
Un à un et un encor,
Dans le verger de songe et d'ombre.

Le crépuscule doux décline et se ravive
Parfois d'un soleil pâle à travers les arbres,
Et l'heure arrive
Où, un à un, arbre par arbre,
Le vent touche les beaux fruits qui oscillent
Et heurtent leurs tièdes ors pâles
Et tremblent encor
Quand le vent a passé et que l'ombre est tranquille,
Et tombent, un à un et un encor.

La Tristesse a mûri ses fruits d'ombre
Aux doux vergers de notre songe
Où le passé sommeille, tressaille et se rendort,

Au bruit de ses fruits mûrs qui tombent,
A travers l'oubli dans la mort,
Un à un et un encor.

XII

Au bord de tes silencieuses eaux, Mémoire,
Où tu penches ta face et la tienne, Tristesse !
Vous vous tenez comme les deux Sœurs de ma vie,
L'une pâle et l'autre pâlie
De tout ce que sait l'une et que l'autre n'oublie,
Et l'eau silencieuse où se voit la Mémoire
Lui montre son visage auprès du tien, Tristesse !

Tendez vos pâles mains sur l'eau qui les reflète
Vers celui qui s'en vient à vous de l'autre rive ;
Ses yeux ont pleuré le souci de vivre,
Ses pas ont marché l'épreuve d'être,
Les fruits de son Désir tombaient pourris des branches mortes,
Les fleurs de son Orgueil séchaient en ses mains viles,
La clef de sa Science n'ouvrait plus le secret des portes ;

Il a pleuré le souci de vivre,
Il a marché la honte d'être,
Et le voici qui vient à vous de l'autre rive ;
Tendez vers lui vos mains sur l'eau qui les reflète.

Vous qui teniez jadis les fleurs de mes Années,
D'accord avec mes Destinées,
Et les clefs de mon Espoir
En vos belles mains, ô Mémoire,
Et toi, Tristesse, qui songez comme deux Sœurs
Auprès de l'eau où vous aviez jeté la clef et les fleurs
De mes plus belles Destinées,
Laissez m'y voir, hélas ! penché sur son mirage,
Le taciturne aspect où mon sort s'envisage.

XIII

Un doux visage m'a souri
De ses belles lèvres incertaines ;
O douce âme, je sais les routes où tu mènes !
Et comme elle passait son visage a souri

Et l'heure à son geste a fleuri
Avec l'emblème
D'un lys frêle qui tremble à ses mains incertaines.

Le temps triste a fleuri ses heures en fleurs mortes,
L'An qui passe a jauni ses jours en feuilles sèches,
L'Aube pâle s'est vue à des eaux mornes
Et les faces du soirs ont saigné sous les flèches
Du vent mystérieux qui rit et qui sanglote.

Le doux visage reparut enfin,
Tristesse taciturne à ses lèvres certaines,
Entre les arbres, sur le chemin...
— O douce âme, te voici pour que tu m'emmènes —
Et le silence et l'heure ont fleuri son Destin
Avec l'emblème
D'un beau lys qui se brise entre ses mains certaines.

★

Dans la haute salle, simple et grave, où ma Mémoire
S'accoude et songe pour toujours,
Dans la salle aux murs de marbres et de miroirs
Où son image se répercute comme au fond des jours,
En silence, avec sa robe rose et noire,
Avec sa face pâle sous ses cheveux lourds,
C'est la Mémoire,
Sœur de mes jours et de mes soirs.

Sur une table d'ébène, voici, hautain,
Pur et svelte et triste comme un malencontreux et beau Destin,
Un vase incrusté de mortes opales anciennes
Parmi le gel d'eau terne du vieil étain
Que mire la table d'ébène.
Le métal semble mort autour des pierres mortes ;
Les opales s'enfoncent parmi l'étain
Et l'arabesque oscille autour des pierres mortes.

Dans le vase qui se mire au fond de l'ébène,
Voici, hautaine
Sur sa tige frêle et faible, une fleur

Mélancolique, rigide, épanouie et pâle.
O Douleur,
Est-ce toi, cette fleur ?
Et bien que nul ne marche dans la salle
Autour de la table d'ébène

Et que rien ne passe au dehors,
Et qu'aucune main ne frappe à la porte,
Et que les opales soient mortes,
Sur la table, et jusques au fond des miroirs morts,
La fleur triste en le vase de terne étain,
La fleur emblématique d'un soucieux Destin,
La fleur tremble...

Et dans la haute salle plus grave, ma Mémoire
S'accoude et songe et semble,
Parmi les marbres et les miroirs,
Plus triste en sa robe rose et noire,
Plus pâle sous ses cheveux lourds
Et plus seule, là, pour toujours.

LA DEMEURE

> Tout s'est tu. Le soleil s'abîme et disparait.
> J.-M. de Heredia.

O Demeure,
La chimère accroupie à ton foyer désert,
Parmi les cendres et parmi les fleurs de fer,
Est morte, et nulle flamme à présent ne la tord
D'un vivace sursaut en ses écailles d'or
Et ses ailes d'airain ne battent plus dans l'ombre.

O Demeure,
L'Horloge de cuivre, d'ébène et de cristal,
Lourde aux cariatides du piédestal,
Ne marque plus le Temps d'hier ou d'aujourd'hui
De ses poids où montait le Jour après la Nuit
Selon que la lumière avait l'âge de l'ombre.

O Demeure,
Tout est mort et toi-même autour de mon Destin
Qui veille pour jamais d'accord à l'âtre éteint
Où le bois confronta ses cendres à mon songe,
Et mon loisir stérile, encore, se prolonge
Pierre à pierre, d'ouïr le bruit de ton décombre
Qui choit du mur inerte et du plafond lassé
Et dont un autre écho croule dans mon passé.

O Demeure,
Ma Tristesse sanglote aux marches de ton seuil,
Mon Orgueil
Taciturne s'accoude auprès de ton foyer;
Le visage de ma Colère s'est ployé
Et cache en son manteau sa honte qu'elle pleure,

Et mon Ame, ce soir, est seule en la Demeure.

Que l'antique maison soit douce au dévoyé
Pour qui les vieux chemins n'ont plus de but vers l'ombre.

Que d'aubes ont blanchi tes fenêtres !
Les crépuscules gris comme tes vieilles pierres

Ont bercé le sommeil de tes ans solitaires.
Que soit bonne ta paix à l'âge de ton Maître.

Les soleils de l'Été t'ont rongée et l'effort
Du large vent d'automne en peine vers le Nord
A ruisselé de pluie à tes larmiers, ô douce,
Là encor,
Avec tes pierres et tes tuiles et tes mousses,
Là toujours,
Malgré l'Ombre et la Nuit et le Temps et les Jours,
Avec ta haute porte ouverte sur la route.

Les pas sont morts sur le chemin comme en mon âme
S'est tû l'âpre tumulte en fête des vieux jours :
L'amble égal, les galops lourds,
Le geste secouant l'Épée et l'Oriflamme,
La lance et son éclair, la torche et sa flamme,
Le chariot tenace à l'ornière
Et la litière
Laissant traîner les franges d'or de ses velours
Jusques en l'herbe et la poussière.
Tout est mort, tout est éteint, tout a passé avec les Jours
Et la route est déserte et tu veilles toujours,

O Demeure,
Sur la route et le fleuve triste qui la longe.

Les voiles étaient belles au vent et dociles,
Les barques lentes naviguaient entre les îles
Et la proue y frôlait des fleurs en passant...
Les pavillons traînaient en des remous de moire
Et les haleurs courbés qui chantaient en halant
Pas à pas côtoyaient dans l'eau leur ombre noire.

Puis le Passeur, un jour, délaissa l'eau guéable ;
Le fleuve maintenant s'est perdu dans les sables...

Garde-moi des passants du fleuve et de la route,
Garde-moi des passants de l'aurore et du soir ;
Que nulle main ne heurte plus à ton heurtoir,
O Porte !
Que nulle voix ne parle sous ta voûte,
O Salle !
Que nul regard n'interroge ta cendre,
O Foyer !
Je sais le songe noir que la Passante apporte
Et le bruit de son pas sur le seuil et la dalle.

Maison sur qui la Nuit encore va descendre,
Garde mon âme, hélas, des Passantes de l'Ombre !

Ce fut, un soir, au temps des plus vieilles Années
Où mon Ame sentait venir ses Destinées.

C'était un soir au fond des tragiques Années.

Le soleil mourait sur les forêts vastes et mornes,
Le soleil entrait dans l'ombre des forêts
Et j'errais,
Comme en un songe violent et morne,
Parmi toute la nuit des antiques forêts ;
J'errais, parmi des soirs de songe et de colère,
Loin du seuil grave de la maison tutélaire,
Au cri des cornes et des cors,
Éperdument rué à travers des essors
De grands oiseaux battant des ailes sous les flèches !
Un sang tiède pleuvait dans les fontaines fraîches
Et les ronces griffaient ma course et dans ma nuit
Quelque chose de mystérieux avait fui
Dont la blancheur saignait en pourpre dans l'aurore ;

Le vent prestigieux était pour moi sonore
De chocs vastes et clairs de lances et d'épées...
La faulx semblait saigner parmi les fleurs coupées
Au geste du faucheur que je voyais du seuil,
De l'aube jusqu'au soir stérile à mon orgueil,
Travailler dans la plaine et s'asseoir sur la route ;
Le vent criait vers moi la horde et la déroute
Et j'écoutais, debout dans l'ombre, taciturne
A tout ce qui séjourne au fond du crépuscule,
Si, par delà le large fleuve et ses eaux noires,
Les buccins, dans le vent, des antiques Victoires
N'allaient pas, à travers le soir qui les endort,
Sonner jusqu'en mon songe aux lèvres de la Mort !

Ce fut un soir au temps des tragiques années,
Elle vint avec mes Destinées !

La hache avec l'épée en trophée au vieux mur
Croisait son tranchant clair à sa lame éclatante,
Et mon **Désir** était obscur
En mon **Ame** vigilante.

Mes rêves suffoquaient de courroux et de haine,
J'étais l'adolescent qui pense au glaive nu

Comme à la nudité d'une dame hautaine ;
J'étais celui pour qui l'inconnu
A des faces en sang parmi des jeux d'épées,
Celui à qui, parmi ses rêves, le Destin
Parle à l'oreille avec des voix d'or et d'airain
Et qu'il accueillera de Fortunes drapées
Du pli qui se bossue à des pommeaux d'épées.

Un amas de colère était en toi,
O mon Ame,
Quand, Passante au visage de femme,
Elle vint à travers mon Songe jusqu'à toi.

Sur les marches du seuil, debout avec sa torche,
Elle vint, et son cheval hennissait au porche
Creusant le sol du bout de son sabot de fer ;
Elle entra dans mon songe à sa venue ouvert,
Suscitatrice enfin apparue au décombre,
Elle la prodigieuse Errante de l'ombre !
Et de l'éclat révélateur de son flambeau
Toute mon âme tressaillit comme un tombeau
Dont on ouvre la porte à quelque approche ardente,
Toute mon âme tressaillit, torche éclatante,

A ta lueur qui, en face de mon Destin,
Projetait au pavé, du haut d'un poing hautain,
L'ombre de la Passante et de la Parvenue !

L'éclair d'un glaive était pareil à sa peau nue,
Le geste de sa main était victorieux,
Son pas avait l'orgueil du triomphe, ses yeux
La couleur des beaux ciels que pleure à leur aurore
L'angoisse des blessés qui veulent vivre encore ;
Sa stature imposait à ses robes guerrières
Les plus glorieux plis des antiques bannières,
Et la pointe de son beau sein adolescent
Etait comme gommé d'une goutte de sang ;
Ses lourds cheveux dont ses tempes étaient voilées
Semblaient avoir flotté jadis sur les mêlées
A tout le vent épars de toutes les colères,
Et vers Elle, comme vers Celle qui libère,
Mystérieuse, venue et déjà haïe,
Mes Désirs tressaillaient en mon âme envahie
Et dressaient, hors du songe où dormit leur couvée,
L'arrogance de l'aile et la griffe levée.

Alors, avec son geste dur et son silence,
De sa main lourde encor du chef jadis coupé,

Au mur où luisait ton trophée, ô Violence !
Mystérieux et clair comme un jour qui se lève
Elle m'a désigné, pour la suivre, le glaive.

Elle m'a désigné le Glaive et j'ai frappé.

Des soirs après des soirs ont passé sur mon âme
Et des soirs et des soirs ont vieilli sur ma face
A marcher dans un songe violent et morne,
A travers le fer et la flamme,
De soirs en soirs, et sans que la Gloire fût lasse
De fuir devant mon songe obstiné sur sa trace,
Jusques au jour enfin qu'à bout du songe morne
Je me suis senti triste et j'ai pleuré
D'avoir erré
Parmi tout ce tumulte et toute cette honte,
Et j'ai lavé le sang tenace à ma main prompte,
Agenouillé, plus bas de toute ma hauteur,
A l'eau du fleuve pur et purificateur
Et j'ai jeté mon glaive à l'onde qui passait
Ainsi que s'en allait cette âme qui ne sait
Plus rien de toute sa colère misérable.

Le fleuve maintenant s'est perdu dans les sables
Et les chemins pour moi n'ont plus de but vers l'ombre...

O Demeure,
Tu sais mon âme faible et tous ses mauvais songes
Et les pas qui vers moi proviennent de la Nuit
Et qu'une autre survient sitôt qu'une autre fuit.

Hélas ! garde ma paix des Passantes de l'ombre.

Elle vint aussi vers le soir
Avec le visage doux et pâle de l'Espoir !

Elle m'a dit le songe doux des lents Etés,
Le rêve d'être deux parmi toute la vie,
La joie autre que toute joie et qui sourie,
Les caresses simples comme des chastetés
Et l'aube toujours blanche et le ciel toujours clair.

Elle m'a dit le songe étrange de l'amour ;
La torpeur oublieuse et le réveil amer
Du sommeil dormi parmi la chevelure,
Le visage méchant parmi la chevelure
Et la Luxure,
Bestiale et fauve,
Nouant avec un rire et nue un lacs de roses
Au cou du Sphinx qui veille au chevet de l'Amour.

C'était le soir,
Des larmes ruisselèrent sur le visage de l'Espoir.

A la coupe tendue à mon désir avide
J'ai bu l'ivresse ardente où s'empourpra mon songe ;
C'était comme un pays misérable et splendide,
Les cygnes d'Amathonte et les roses de Gnide,
Des bois où le vent berce aux cyprès des colombes,
Et des faces mirant leurs délices en pleurs
A des lacs pâles parmi de hautes fleurs
Sous des ciels corrodés d'un couchant qui s'oxyde.

Ce fut un soir
Que vint à mon foyer s'asseoir
L'Amour avec la figure de l'Espoir ;
Et j'ai jeté la coupe, hélas, comme le fer !
Gardez-moi de la gloire et de l'amour amer.

... D'autres vinrent encor au soir des autres temps.

Une entre autres qui me dit : Prends !
Ses froides mains laissaient, tenaces et maigries,
Une à une tomber des pierreries ;

Et comme je rampais à terre pour les prendre
Ma honte ramassa du sable et de la cendre.

Tous les songes de l'ombre ont passé sur mon âme
Et chacun, avec une face de mon Désir,
S'est dressé, tour à tour, sur le seuil de ma porte,
Tentateur, à son tour, de mon morne loisir ;
Et dès que j'eus saisi le glaive, elle était morte
La colère éblouie en qui je fus coupable
D'un geste furieux de mon bras vers la Gloire;
Le songe de l'Amour fut doux et misérable ;
La coupe s'est brisée à la dalle
Où l'orgueil a courbé son stupide déboire
Sur la pierrerie illusoire.

Qui viendrait maintenant de l'ombre à ma Tristesse,
Seule sœur qui convienne à l'âtre éteint ?

Les Passantes d'un soir ont fait place à l'Hôtesse.

O Demeure,
La Chimère accroupie à ton foyer désert,
Parmi les cendres et parmi les fleurs de fer,

Est morte avec l'Horloge et comme mon Destin,
Et mon âme ce soir est seule en la Demeure
Habitée à jamais d'un songe taciturne.

Que tes pierres, hélas ! s'écroulent une à une,
De soirs en soirs,
Et que la Nuit séjourne à jamais taciturne,
Muette et pour toujours en deuil du passé noir
Sans qu'à tout son silence encore ne déroge
Aucun sursaut de la Chimère ou de l'Horloge,
Et sans que puisse rien, du repos qu'il se songe,
Distraire mon Destin d'avoir l'âge de l'Ombre !

QUELQU'UN SONGE D'OMBRE ET D'OUBLI

Voici des flèches d'or à pointes d'émeraude,
C'est l'Espoir qui t'offre le carquois ;
Les échos du passé t'appellent par sa voix,
Dans l'ombre ils te tendront, un à un, des roses
Et le baiser nu de leurs lèvres chaudes
Si tu viens avec lui, côte à côte,
Chasser les oiseaux d'or qui dorment dans le bois ;
O bel en soi dormant,
O toi qui dors !

Voici la clef d'argent des jardins de la Vie.
Si ta Tristesse y hasarde ses pas,
Tu trouveras

*Des eaux à jamais endormies
Pour y mirer ta face à leur accalmie,
Et pour tes pas,
Des chemins en accord à leur mélancolie,
En entrelacs
Entre des cyprès noirs en ombres sur ta vie.*

*Voici la rame enfin de la barque du songe,
Voici le masque pour la fête du mensonge,
Voici le manteau noir et la robe de lin
Et la sandale ou le cothurne,
Sceptre royal, thyrse, bâton de pèlerin,
L'amphore ou l'urne,
La torche que le vent darde ou envenime
En langues d'hydre de flamme vive,
Et le cor où la gloire chante haut,
Et le glaive dont ma main heurte du pommeau
Ta haute porte
Pour réveiller ton âme morte
Qui vit encor,
O bel en soi qui songe, ô bel en soi qui dort.*

I

J'ai vu fleurir ce soir des roses à ta main ;
Ta main pourtant est vide et semble inanimée ;
Je t'écoute comme marcher sur le chemin ;
Et tu es là pourtant et la porte est fermée.

J'entends ta voix, mon frère, et tu ne parles pas ;
L'horloge sonne une heure étrange que j'entends
Venir et vibrer jusques à moi de là-bas...
L'heure qui sonne est une heure d'un autre temps.

Elle n'a pas sonné, ici, dans la tristesse,
Il me semble l'entendre ailleurs et dans ta joie,
Et plus l'obscurité de la chambre est épaisse,
Mieux il me semble qu'en la clarté je te voie.

L'ombre scelle d'un doigt les lèvres du Silence ;
Je vois fleurir des fleurs de roses à ta main,
Et par delà ta vie autre et comme d'avance
De grands soleils mourir derrière ton Destin.

II

Il n'est plus rien de tout cela que fut mon heure,
Ma Tristesse et mon Jour, ma Joie et mon Année;
Il n'y a pas une fontaine qui pleure
Au bout d'aucune allée,
En face des fenêtres de ma demeure
Dont la façade est close et la porte scellée,
Et sur nul cadran mort une aiguille obstinée
Ne marque d'heure.

Le Triton d'or croupit en bronze dans l'eau noire,
La mousse engaine les statues,
L'écho se paralyse aux voix qui se sont tues,
Le livre se confond en grimoire,
Les vivants deviennent des ombres,
Les roses ont refleuri noires,
Le passé dort sous ses décombres,
Le souvenir s'effeuille et la tristesse est nue
Et tu marcherais là comme dans ma mémoire.

Aucune fontaine ne pleure
Au bout d'aucune allée.
Ma Vie, où donc es-tu allée ?
Ta face s'apparait voilée,
Il n'est plus rien de tout cela qui fut ton heure
Et tu es morte et tu es née,
Ma Vie, avec ta Destinée.

III

L'Ile de ma Mémoire au lac clair de mes songes
Mire les tristes fleurs de ses rives dans l'eau,
Et la terre nourrit l'or moite des oronges
Et les roses en sang dont son automne est beau.

Les hauts arbres jaunis enfeuillent la fontaine
Où nul visage enfin ne se rencontre plus,
Face pâle, s'y voir sa tristesse hautaine,
Ni masque y accroupir son sourire camus.

Le thyrse sans feuillage y gît près de l'épée ;
Ton buis se fend, ô flûte, et ton ivoire, ô cor ;

La palme est sèche, hélas, et la grappe est coupée;
Le Chevalier n'est plus et le Satyre est mort.

L'Ile basse s'enfonce au lac de ma mémoire,
Avec l'urne païenne et l'antique tombeau,
Et l'ombre appesantit son poids expiatoire
Sur ce qui dort en paix sous le marbre de l'eau.

IV

Encore une fois ton sourire,
Ma Vie, et tes mains pâles et les roses
Que tu respires
En bouquet clair à tes mains pâles; et tes hautes
Grâces de passante parmi les roses,
Qui pourrait les pleurer et qui sait les sourire.

Encore une fois tes mains dans les miennes,
Tes lèvres sur mes lèvres qui les craignent
Et ta grave douceur assise à mon côté;
Que ta voix de loin me revienne

Double de l'écho que nous avons été,
L'un pour l'autre, en quelque soir de vieil été
Qui pleure maintenant de nos passés qui saignent.

Et puis va-t'en avec tes fleurs, va-t'en
Avec tes sourires et tes pleurs et tes mains
Où saigne en roses mortes le bouquet du Temps
Et tes pieds nus qui s'en vinrent par les chemins,
Va-t'en
Avec tes masques gais ou hautains
D'automnes et de printemps,
Viens et va-t'en
Que je dorme à jamais en ma mort, ô Morte,
Le songe clair de tes thyrses et de tes torches!

V

Il est un port
Avec des eaux d'huiles, de moires et d'or
Et des quais de marbre le long des bassins calmes,
Si calmes
Qu'on voit sur le fond qui s'ensable

Passer des poissons d'ombre et d'or
Parmi les algues,
Et la proue à jamais y mire dans l'eau stable
La Tête qui l'orne et s'endort
Au bruit du vent qui pousse sur les dalles
Du quai de marbre
Des poussières de sable d'or.

Il est un port.
Le silence y somnole entre des quais de songe,
Le passé en algues s'allonge
Aux oscillations lentes des poissons d'or ;
Le souvenir s'ensable d'oubli et l'ombre
Du soir est toute tiède du jour mort.
Qu'il soit un port
Où l'orgueil à la proue y dorme en l'eau qui dort !

VI

Mes soirs se sont voulus tels dès l'aube, et voici
Tout le secret de mes mains graves sur l'épée ;

Et mes pas n'eurent d'autre sens que d'être ici ;
Et le souci
De rester seul par le silence et par l'épée,
Qui m'a fait marcher comme une ombre
Sous l'arc de fête ouvert en portail sur la gloire
Ou sous l'arceau brisé qui s'écroule en décombres,
A travers l'aube claire ou la nuit noire,
Ce dur souci
De par lequel je suis ici,
Seul encore et le même encore et toujours tel,
Moi le mortel,
Fut si beau que je me sens pur de l'avoir eu
Jusqu'au soir où à moi-même je suis venu.

J'ai dédié ma Vie à cette solitude
Dont mon âme a gardé en elle l'attitude ;
Les jours m'ont parlé comme à d'autres,
A l'oreille, de leurs voix fausses,
La Sirène a chanté et l'Hydre aussi fut d'or
En la fange pour moi aussi de mes chemins,
Et j'ai des croix en sang où mes amours sont morts
Et les Satyres roux qui m'ont léché les mains
M'ont offert à mon tour des flûtes et des fruits,
Mais tout a fui...

Et mon âge a vécu le droit d'être son soir
Et d'être seul avec soi-même pour miroir.

VII

Adjoins le Sceptre inefficace
Au glaive qui, sur le panneau
Où ton ombre passe et repasse,
Oscille au poids de son pommeau.

Une main d'ivoire qu'ocelle
Un lycophtalme pour chaton
Se crispe encor d'une querelle
Au sommet du royal bâton

La hampe tremble quand tu marches
Au choc de la lame qui luit
Et l'ombre s'accroupit aux marches
Par où l'on descend dans la Nuit.

Ton songe est en cendres dans l'urne
Que garde le double attribut

Qui t'a fait tel que taciturne
De coupes où tu n'aurais bu.

Que ton ombre passe et repasse
Sur l'ébène nu du panneau...
Le miroir est inefficace
Aux faces que fait le tombeau.

★

Les flèches d'or n'ont pas rayé l'ébène grave
De la porte obstinée où les tira l'Espoir,
Une à une, d'un geste fol et grave,
De l'aube au soir,
Et les oiseaux chanteurs qui volaient d'arbre en arbre
Au crépuscule ont fui loin du Bois morne et noir.

La clef qui s'est tordue au cœur de la serrure
N'a pas ouvert le doux jardin de fleurs et d'eau.
La rame n'aida pas le vent dans la voilure,
Les roses n'ont pas baisé le pan du manteau,
Le masque n'a pas ri où tu eusses pleuré
Peut-être derrière la face de sa joie :

Savais-je que ton silence fût sacré,
Que le bâton ne tenterait pas ta voie,
Que le thyrse en ta main ne refleurirait pas,
Que le sceptre n'y serait pas,
Que le cor ne t'éveillerait pas,
Qu'il n'était plus d'échos en toi au heurt du glaive ?
Dors donc et rêve
Ton songe pour toujours, ô dormeur pâle, ô frère
Que le silence accoude à jamais solitaire
En face de quelque miroir d'ébène et d'or
Debout devant ton âme au fond du Temps,
Dors ô songeur, songe ô dormant,
O bel en soi qui songe, ô bel en soi qui dort.

DISCOURS EN FACE DE LA NUIT

Parce que c'est le soir et que mes pieds sont nus
D'avoir marché longtemps et d'être revenus,
Je parlerai, debout et du fond de mon songe,
Comme quelqu'un qui n'est plus là et se resonge
En soi-même, non point ce qu'il n'a pas été
Au fantôme de chair que sa vie a hanté,
Mais ainsi qu'il fut tel en soi devant soi seul,
Je parlerai, dans l'attitude du linceul
Que tisse le passé autour de la stature
Du passant funéraire et hautain sous sa bure
Où se mêlent les fils du Temps et de la Nuit,
Je parlerai étant à cette heure celui

Devant qui le silence a haussé son miroir
Et que la solitude orne du manteau noir.

O magnifique et sépulcral, voici le seuil
Dominateur et les trois marches de l'orgueil
Qui sont de bronze, de basalte et de porphyre.
Là, taciturne avec le geste de se dire,
Mon Destin se retourne en face du passé
Vers l'ombre où, dans l'écho, mon pas s'est effacé
Comme aux herbes des prés, comme au sable des plaines,
Avec l'aube qui rit aux larmes des fontaines,
Avec le soir qui pleure au rire des ruisseaux.

Je suis celui qui jette une pierre dans l'eau,
Je suis celui qui parle au bout de l'avenue,
Je peux cueillir enfin, digne de mes mains nues,
La fleur d'or qui disjoint les dalles du silence,
Et n'ayant plus l'épée et n'ayant plus la lance,
Ni l'arc courbe ou la flèche droite, ni le cri
Qui, dans la forêt sombre et le bois où fleurit
A côté de la ronce, hélas ! la rose en sang,
Suscitent, sous les pas dangereux du passant,
Le froncement du mufle ou le croc de la face,
N'ayant plus que la voix mélancolique et basse

De quelqu'un qui n'est plus là-bas mais se souvient
Du pays monstrueux et morne d'où il vient,
Je parlerai, debout en face du passé,
Et, dans son ombre grave et lourde où s'est tassé
L'aspect enfin des lieux par où s'en vint mon âme,
J'éveillerai les yeux de cendres ou de flammes
Qui luisent tout au fond de sa tragique nuit
Et dont le reflet mort sur mes songes a lui,
Jusqu'à ce que la pluie eût lavé ma mémoire
A travers qui courut le vent expiatoire,
Et je verrai peut-être encor, dans la forêt
Qui faite de ténèbre et de rêve apparait
En chacun au déclin de chaque crépuscule,
Le Centaure cabré qui hennit et recule
Devant l'Hydre irascible au flair de ses naseaux
Parmi la boue obèse et les sveltes roseaux
Que cassent, pour les joindre en flûtes maléfiques
Où s'échange, répond, alterne et se réplique
Une voix qui ricane à la voix qui glapit,
Le Satyre équivoque et le Faune accroupi.

Mais non ! de ma hautaine et solitaire emphase
Pourquoi troubler encor la honte de la vase
Que ma tristesse sèche en ses ternes marais,

Pourquoi provoquer l'ombre et l'antique forêt
A faire vers mes pieds ramper la basse ordure
Du bestiaire où mon passé se configure
En emblèmes, hélas ! qui, par la griffe et l'aile,
Montrent obscurément que ma vie était telle,
Et par l'ongle et le croc, le sabot et la dent,
Attestent mon désir avoir été, pendant
Des jours, hélas ! des nuits, hélas ! avoir été
Leur semblable de ruse et de stupidité.

Vous viendriez du fond des antres à mon seuil,
Que vous vous butteriez aux marches de l'orgueil
Où je songe du haut de moi-même, ce soir.
Je ne sais même pas si je pourrais vous voir
Mordre ou lécher, écumes, larves, ô décombres,
Le pan de mon manteau ou le bout de mon ombre,
Car voici qu'une étoile à l'occident a lui
Et vous tous n'êtes déjà plus que de la Nuit.

La porte va rouler sur les doubles gonds d'or
Et fermer son sommeil de bronze qui s'endort
Sur celui qui voulait parler et qui s'est tu
A jamais parce que son songe l'a vêtu

D'un manteau de silence et de la robe noire
De l'oubli, dont le pli fatidique se moire
D'un reflet d'au delà du Styx et du Léthé,
Parce qu'il n'est plus rien de ce qu'il a été.

Accueille donc, ô Mort, la palme que j'apporte,
Et puisses-tu sculpter au fronton de la porte
Un masque bestial qui ne sourira pas
Ni de ses lèvres mornes ni de ses yeux las,
Et où viendront hennir longuement, face à face,
Un à un, anxieux du masque qui s'efface,
Du masque fraternel qui les trouble aujourd'hui,
Les Centaures cabrés en fuite dans la Nuit.

LA MAIN TENTÉE

Toute la main s'appuie oisive sur la table
Dont le marbre miroite en apparence d'eau
Où semble la Nuit même et son ciel véritable.

La svelte main se crispe et son geste est si beau
D'un désir sans contact qui l'énerve qu'on songe
A de tels doigts la clef, la palme ou le flambeau.

L'onyx des ongles purs sur le marbre s'allonge
Vers une verrerie ample et debout en la
Spirale d'un serpent qui l'entoure et la ronge.

Le Temps pernicieux de son aile fêla
La panse obèse et grave, et le col qui s'écorne
Fusèle son cristal qu'une dent morcela.

Quel philtre enigmatique, acariâtre et morne,
Corrode, expiatoire en ce vase, ou votif,
La tige du bouquet qui le surmonte et l'orne?

Tiges à qui surcroît un feuillage naïf,
L'Amour avec la Mort en sa fleur rose ou noire;
S'allégorise aussi de romarin ou d'if.

La main s'est détendue inerte. Tout se moire;
Le marbre est plus profond de son obscurité.
Le Vivant, plus hautain du haut de quelque gloire,

Qui reposa enfin avec sécurité
De par son abstinence et par sa lassitude
Son geste sur la table où la fleur l'a tenté,

Le Vivant, satisfait avec la solitude
Jusqu'à ne boire au vase où le serpent se tord,
Semble être dans la Nuit l'exemple et l'attitude

D'un Frère intérieur que tu n'es pas encor.

TABLE

POÈMES ANCIENS ET ROMANESQUES

PRÉLUDE	7
LA VIGILE DES GRÈVES	13
LE FOL AUTOMNE	30
LE SALUT A L'ÉTRANGÈRE	43
MOTIFS DE LÉGENDE ET DE MÉLANCOLIE	53
SCÈNES AU CRÉPUSCULE	78
LE SONGE DE LA FORÊT	94
ÉPILOGUE	115

TEL QU'EN SONGE

EXERGUE	121
L'ARRIVÉE	125
L'ALÉRION	130
QUELQU'UN SONGE D'AUBE ET D'OMBRE	142
LE SEUIL	154

QUELQU'UN SONGE DE SOIR ET D'ESPOIR	169
LA GARDIENNE	193
QUELQU'UN SONGE D'HEURES ET D'ANNÉES . . .	212
LA DEMEURE	234
QUELQU'UN SONGE D'OMBRE ET D'OUBLI . . .	247
DISCOURS EN FACE DE LA NUIT	259
LA MAIN TENTÉE	264

Paris. — Imprimerie V⁵⁰ Albouy, 75, Avenue d'Italie.

EXTRAIT DV CATALOGVE
DES PVBLICATIONS
DV
MERCVRE DE FRANCE

Envoi franco contre chèque, mandat ou timbres-poste

COLLECTION IN-18 JÉSUS A 3 FR. 50

(V. au dos de la couverture)

FORMATS ET PRIX DIVERS

Nouveautés

Charles Guérin
Le Sang des Crépuscules, poésies, avec un Prélude en musique de 32 pages par PERCY PITT . . . . 5 fr. »

A.-Ferdinand Herold
Le Livre de la Naissance, de la Vie et de la Mort de la Bienheureuse Vierge Marie, orné de 57 dessins de PAUL RANSON . . . . 6 fr. »
Paphnutius, comédie de HROTSVITHA, trad. du latin, orné de dessins de PAUL RANSON, K.-X. ROUSSEL et ALFONS HEROLD. 2 fr. »

Francis Jammes
Un Jour, un acto en vers, suivi de poésies . . . . 2 fr. »

Alfred Jarry
César-Antechrist . . . . 3 fr.

Albert Mockel
Émile Verhaeren, avec une Note biographique par FRANCIS VIELÉ-GRIFFIN . . . . 2 fr. »

Yvanhoé Rambosson
Le Verger doré, poésies . . . . 3 fr. 50

Auguste Strindberg
Introduction à une Chimie unitaire (Première esquisse) . . . 1 fr. 50

Formats, chiffre des tirages, nombre d'exemplaires de luxe : Catalogue complet des Publications du « Mercure de France ». — Envoi franco sur demande.

PVBLICATIONS DV MERCVRE DE FRANCE

Envoi franco contre chèque, mandat ou timbres poste

Collection in-18 jésus à 3 fr. 50 le volume

Henri de Régnier	*Poèmes, 1887-1892 (Poèmes anciens et romanesques, Tel qu'en songe, augmentés de plusieurs poèmes).*	1 vol.
Émile Verhaeren	*Poèmes (Les Bords de la Route, Les Flamandes, Les Moines, augmentés de plusieurs poèmes)*	1 vol.
Francis Vielé-Griffin . .	*Poèmes et Poésies (Cueille d'Avril, Joies, Les Cygnes, Fleurs du Chemin et Chansons de la Route, La Chevauchée d'Yeldis, augmentés de plusieurs poèmes)*	1 vol.

EN PRÉPARATION :

Pierre Louys	*L'Esclavage,* roman	1 vol.
Maurice Maeterlinck ...	*Le Trésor des Humbles*	1 vol.
Hugues Rebell	*De mon Balcon (Notes sur les idées et les mœurs de mes Contemporains, 1892-95)*	1 vol.

Envoi franco, sur demande, du Catalogue complet

MERCVRE DE FRANCE
(Série moderne)

RECVEIL DE LITTÉRATVRE ET D'ART

paraît tous les mois en livraisons de 130 pages au moins, et forme dans
l'année 4 volumes in-8, avec tables.

Prix du Numéro :
France : **1 fr. 25** — Union : **1 fr. 50**

ABONNEMENTS

FRANCE		UNION POSTALE	
Un an	**12** fr.	Un an	**15** fr.
Six mois	**7** »	Six mois	**8 50**
Trois mois	**4** »	Trois mois	**5** »

Tirage sur Japon impérial . . (un an). **50** fr. »

On s'abonne *sans frais* dans tous les bureaux de poste en France (Algérie et Corse comprises), et dans les pays suivants : Belgique, Danemark, Italie, Norvège, Pays-Bas, Portugal, Suède, Suisse.

www.ingramcontent.com/pod-product-compliance
Lightning Source LLC
Chambersburg PA
CBHW062230180426
43200CB00035B/1453